周蓓 主編

『民國專題史』叢書

拉蒙可夫瑪 著
陶秉珍 譯

河南人民出版社

人類史話

用藝術的手法描寫人類過去的生活，所用材料新鮮生動，使讀者讀畢有了一個進化階段的概念

圖書在版編目（CIP）數據

人類史話 / 拉蒙可夫瑪著；陶秉珍譯. —鄭州：河南人民出版社，2016. 4(2017. 1 重印)
（民國專題史叢書 / 周蓓主編）
ISBN 978-7-215-10032-9

Ⅰ. ①人… Ⅱ. ①拉… ②陶… Ⅲ. ①世界史 Ⅳ. ①K10

中國版本圖書館 CIP 數據核字(2016)第 079790 號

河南人民出版社出版發行
（地址：鄭州市經五路 66 號　郵政編碼：450002　電話：65788063）
新華書店經銷　河南新華印刷集團有限公司印刷
開本 710 毫米×1000 毫米　1/16　印張 19. 75
字數 290 千字
2016 年 4 月第 1 版　2017 年 1 月第 3 次印刷

定價：127. 00 圓

出版前言

中國現代學術體系是在晚清西學東漸的大潮中逐步形成的。至民國初建，中央政治權威進一步分散和削弱，加之新文化運動帶給國人思想上的空前解放，新學的啓蒙，新知識分子的産生，民國學術如草長鶯飛，進入一個自由而蓬勃的時代。中國傳統學科乃中國學術之根基與菁華所在，民國學人采用『取今復古，别立新宗』之方法，引入西方的學術觀念，積極改造，使史學、文學等學科向現代學術方向轉型。此外，大力推介西方社會科學的新學科和自然科學，在學習、借鑒乃至移植西方現代學術話語和研究範式的過程中，逐漸建立中國現代學科，使中國的學科門類迅速擴展。一時間，新舊更迭，中西交流，百花齊放，萬壑争流，開創了中國現代學術的源頭。

伴隨知識轉型和研究範式轉换而來的，還有學術著作撰寫方式的創新。中國古代的著作向來以單篇流傳，經後人整理匯編後，方以成册成集的面目出現并持續傳播。直到十九世紀末，東西方的歷史編撰體裁不外乎多卷本的編年體、紀傳體和紀事本末體等，章節體的出現標志着近代西方學術規範的産生和新史學的興起。章節體具有依時間順序，按章節編排，因事立題，分篇綜論，既分門别類，又綜合通貫的特點。以章、節搭建起論述之框架，結構分明，邏輯清晰，較傳統的撰寫體裁容量大、系統性强。它的傳入，使中國現代學術體系從内容到形式被納入了全球化的軌道。民國時期專題史的研究、譯介、編纂、出版恰恰是在這樣的背景下欣欣而發，是學術的實驗場，也是歷史的記録儀。編選『民國專題史』叢書的初衷正是爲了從一個側面展示中國學術從傳統向現代過渡的歷史進程。

專題史是對一個學科歷史的總結，是學科入門的必備和學科研究的基礎，也是對一個時代艱深新鋭問題的解答，是學術研究的高點。民國專題史著作中，既包含通論某一學科全部或一時代（區域、國别）的變化過程的，又囊括對一時代或一問題作特殊研究的，還有少部分是對某一專題的史料進行收集的。原創與翻譯并重，翻譯的底本大多選擇該學科的代表著作或歐美大學普及教本，兼顧權威性和流行性，其中日本學者的論著占據了相當比重。日本與中國同屬東亞儒家文化圈，他們在接納西方學術思想和研究模式時，已作了某種消化與調適，從思維轉换的角度看，更便于中國借鑒和利用，他們的著作因而被時人廣泛引進。

與當代學術研究日趨專業化、專門化、專家化的『窄化』道路迥乎不同的是，中國傳統學術崇尚『學問主通不主專，貴通人不尚專家』的通識型治學門徑，處于過渡轉型期的民國學術在不同程度上保留了這種特徵。民國學術大師諸學科貫通一脉，上千年縱横捭闔之功力自不待冗言，外交家著倫理政治史，文學家著哲學史，化學家著戰争史等亦不乏其人，民國專題史研究呈現出開放、融通、跨界撰述的特點。與此同時必須看到，自晚清以來，中國的命運就在外侮屢犯、内亂頻仍的窘境中跌宕彷徨，民族存亡仿若命懸一綫。這股以創建學科、總結經驗、解决問題爲指歸的專題史出版風潮背後，包裹着民國學人企望以西學爲工具拯民族于衰微的探索精神，及以學術救亡的愛國之心。梁任公曾言：『史學者，學問之最博大而最切要者也，國民之明鏡也，愛國心之源泉也。』這種位卑未敢忘憂國的歷史使命感和國民意識是今人無法漠視和遺忘的。

『民國專題史』叢書收録的範圍包括現代各個學科，不僅限于人文社會科學，學科分類以《民國總書目》的分科爲標準，計有哲學、宗教、社會、政治、法律、軍事、經濟、文化、藝術、教育、語言文字、中國文學、外國文學、中國歷史、西方史、自然科學、醫學、工業、交通共19個學科門類。本叢書分輯整理出版，輯内不分科，單本發行，方便讀者按需索驥。既可作爲大專院校圖書館、學術研究機構館藏之必備資源，也可滿足個人研讀或興趣之收藏。

與目前市場已有的一些專題史叢書相比，『民國專題史』叢書具有規模大、學科全、選本精、原版影印的特點。本叢書選目首重作者的首創、權威和著作影響力，尤其注重選本的稀見性。所謂稀見，即建國後没有再版，且多數圖書館没有收藏，或即便有收藏，也是歸于非公開的珍本之列予以保存，普通讀者難以借閲。部分圖書雖有電子版，但作爲學術研究的經典原著讀本，紙質版本更利于記憶和研究之用。本叢書精揀版本最早、品相最佳的原版圖書作爲底本，因而還具有很高的版本收藏價值。

『民國專題史』的著作是民國學者對于那個時代諸問題之探究，往往有獨到之處，無論其資料、觀點短長得失如何，要之在中國現代學術史的構建與發展進程中，自有其開宗立論之地位。

編譯者序

用藝術的手腕，描寫過去的生活，房龍的「人類故事」，算是一部成功的著作。本書原著中的材料方面的確比「人類故事」更新鮮些。但最近歷史書的形式，已趨重於「發展的歷史」(Entwick-lunde (Geschichte) 了。既不是神話地虛構，亦不僅是如實地敍述，牠的職能是要闡明爲什麼是這樣的。唯有這種歷史，纔能滿足科學的要求。這是使我們理解過去和現在的狀態，同時使我們明白爲什麼有這種狀態發生，以及這些相互建立在何種關係上。故事式的零碎的敍述，祇能使讀者明瞭事實，而不能在社會進化的程序上，得到一個概念。本書原著者的目的，恰像序上所說，祇要使少年們明白從前的人們是「怎樣」生活，可是忘卻「爲什麼」了。這不能不說是原書的缺點。

可是若按照科學的著述，加上許多理論，那末少年們或許要感到枯燥無味。所以譯者祇把各節重新排列，分割段落，使讀畢後，有一個進化階段的概念罷了。

說到歷史的分段，這是最不容易的事情。因爲歷史是同快刀斬不斷的流水一般，不論那裏，都沒有什麼界碑的。把整個的東西，硬分什麼中古，上古，自然不能不斬頭截脚地來適應範疇，這實是勞而無功的。所以本書不分時代，祇依照那時社會生活情形，分爲漁獵社會，畜牧社會等六段。這種分段，創造的嘗試的。

中美兩國的經濟狀況不同，少年們的購買力，當然也差得遠，爲了使本書能夠廉價出售，而得到廣泛的讀者，所以將原書中不甚重要的部分，刪去五分之二，這也是譯者的一點婆心。原書名「The Child's Story of the Human Race」，現在譯作人類史話。

原書中關於中日兩國的部分，錯誤很多（大概是缺乏參考書的緣故）。恐怕要養成錯誤觀念，所以也就刪去，但分量並不多。

日本考古家鳥居龍藏氏對於原書非常推崇，以爲不僅可作少年讀物，作爲一般人的讀物，也是有價值的。我相信他的話是對的。但總以少年們爲主體，所以文字方面，避去艱深晦澀，力求淺顯明白。但錯誤的地方，總也不免，還要求讀者指正。

本書的初稿是民國十八年時在獄中譯成的，得到梨子兄的幫助不少，不能不感謝。二十一年釋繫後，再事編排增刪，又費去一月多的光陰。書中人地的譯名，大部分依據陳衡哲著的西洋史和漢譯世界史綱，這是也應該附帶說到的。

秉珍　二十一年五月

著者原序

——給讀此書的親愛少年們

在少年時代，我想知道從前的人們是怎樣生活的，曾經把許多書籍試讀過了，但總覺得艱深難解。文字艱深，篇幅冗長，記載的是那種事情，連我也不知道。而且這些書籍大部分記載國王，王后，戰爭這些事的。關於人們的習慣和上古的實際生活，祇略略提到一點。

但是現在，我年紀大了，已能夠知道在少年時代覺得奇怪的種種事情了。我寫成了使現在的少年們看到古代生活的歷史。我想：能夠使你們明白人類的生活那就好了。你們有知識慾，而且年紀又青。我希望你們永遠保持着知識慾。我為了寫這部人類史話，已費去三年光陰。我是快活地寫這部著作的，如果你們讀了，同樣地得到快活，這是我的幸運了。

你們的好友

拉蒙可夫瑪。

目次

一 漁獵社會

二 畜牧社會

三 耕種社會

四　商業社會和奴隸社會

一　漁獵社會

一　冰河時代

最初的人，是一種野蠻的動物。這種動物，在很長久很長久的時間內，沒有什麼工具和武器，祇不過在地上找尋鳥卵草根，向樹上摘取果實來充飢，用石塊木棍抵禦別的野獸罷了。

那時是所謂「冰河時代」，到處都是很大的冰塊。那種冰河，在五萬年前幾乎蓋滿了北美洲的一半，歐洲和西亞也大部分有冰河。北歐洲的大部分，被從寒帶地方起的一條冰河包着；至於南歐，也有一部分地方，被從阿爾卑斯（Alps）山來的一條冰河包着。這些冰河，留存至幾千年，後來才漸漸地消滅了。

最初的人是這樣的野蠻人。這是我們從已發見的一部分頭骨推想出來的。（美國博物院中的半身像）

地質史上曾有過好幾次的冰河。在方才所說的冰河以前，至少已有過三次大冰河，這些冰河，都曾把歐洲美洲各地方包着過的。我們今日所知道的最早的冰河，是在五十萬年以前，那時歐洲一定尚沒有人迹，亞洲方面，也許已經有人住了。那時的冰河，不論那一回，結成要費去幾千年，溶解也要費去幾千年咧。

當最初的人們住居歐洲的時候，大概那邊已經是氣候溫和的地方。不過經過了多少年代，又變成寒冷了。有幾個部族，便明顯地向北非洲遷移去。那時這兩大陸中間，還有細長的土地連繫着，他們是沿着這條土地走去的。別的部族，仍舊留在歐洲，揀沒有冰河的地方居住。但是達到不被冰河包裹的地方，也非常寒冷；大概那時已把衣服發明了。人們剝取動物的皮，穿在身上。這種衣服雖是簡單，卻很溫暖。

二　由牛的遺骨想像古代的狩獵情形

丹麥(Denmark)的哥本哈根(Copenhagen)博物館裏陳列着太古住在該地原野的野牛的骸骨。

這副動物遺骨，是在乾燥的湖底發見了。和這遺骨同時被發見的還有幾個箭頭。這動物的兩根肋骨上，有箭傷的瘢痕。一處的傷痕，是這動物活着的時候已經癒了的；其餘一處，是沒有癒的。在骨頭中，還有火石的箭頭留着。

關於這具骸骨有過怎樣的故事呢？請聽下面的話。

在石器時代後期中箭而死的牡牛的骸骨。

當石器時代後期，一個獵人，出去搜尋野獸。看到野牛，立刻將箭射去，沒有射得十分準（照我們的想像）牛目不旁視地一逕奔跑了。於是獵人再射一枝箭，恰恰射中在一根肋骨上，但這傷是輕的，野牛飛奔逃去了。過了一時，這傷痕也就痊癒。

某日，這隻野獸，幾乎又在草原上被殺了。一個獵人拿了弓和箭突然出現。獵人一看見牛，忙把箭搭在弓上，颼地射去。於是野牛的另一根肋骨下部，被射中了。這雖是重傷，但還不是致命的。

獵人追趕野牛，又放了幾根箭——有時射中，有時不中。

獵人最後這樣殺了野牛。

牛淋着雨一般的血逃走了。後來，逃到一個湖邊，就跳進水裏。獵人立在岸上，恐怕牛真要逃脫了，非常焦急，立刻瞄準這動物，再射幾箭，這些箭，恰恰射中牠的要害。牛雖還勇敢地游泳，但因爲出血過多，和最後的箭着在要害處，所以已經怎麼也不行了。終於喘息而死，沉入湖底。

因爲牛已沉下，獵人覺得非常爲難。他想：即使鑽到湖底尋得屍體，也沒有辦法，因此，就離開這湖，去尋別的野獸了。

年深月久，這個獵人死了；他的兒子，他的兒子的兒子，也都死了。過了幾千年，湖漸乾涸，成為一塊濕地。濕地上有許多草木生長了。

又過幾世紀，這些植物枯死了，莖、枝、葉等，已變成人們現在當做燃料用的泥煤。有一個人，到那邊去掘取泥煤，他掘到十呎光景的深處，發見了這牡牛的骸骨。這骸骨被人仔細研究的結果，就造成了現在我對你們所講的這個故事。

三 石刀和石斧

小刀，的確是輕便的東西。倘若沒有牠，可以說我們便什麼東西都做不成功。但是人類確實有過沒有小刀的時代，就是當我們祖先還不很聰明的時候。不久，用尖石塊割東西的時代便到臨了。大概這些石塊，起初是拿來剝皮的獵人們要劃破死獸的皮革時就用到牠。

尖銳的石塊，不是到處都容易找到的；於是有些聰明的人，把石塊粗劣地修改一下，使成為石刀。

他們大概是用石塊敲石頭，敲成刀般的東西。火石是常被採用的材料。石塊的碎片，常有很銳利的鋒芒，人人能使用種種石塊做成的傢伙時，便完成了我們所稱的石器時代。

有時石頭碎片，雖非常銳利，但總不能造成適合的形狀。那時的人，做出更聰明的事情來：他們因爲要做成刀般的好式樣，所以用別的石頭來敲薄石片，使牠出鋒，略像刀的式樣而帶鋒芒的石塊在歐洲各地已發見了幾千塊。

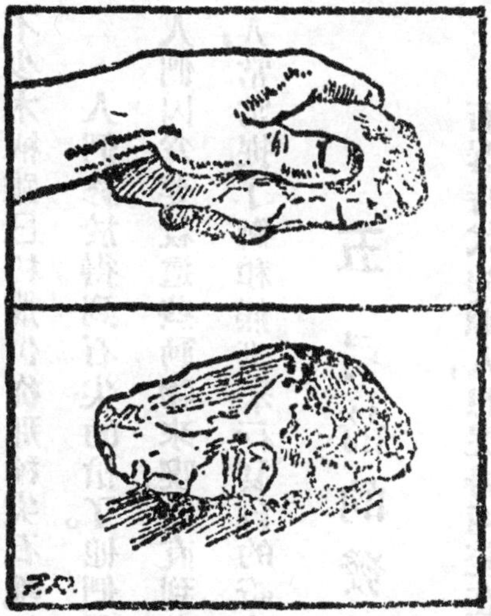

上圖示石刀的握法，下圖是在法國沙米兒附近地方發見的石刀，可以看做是五十萬年前的東西。

初期的人們用石頭做成的東西，不只有刀。用石刀剝動物的皮，削尖木棍，固然很輕便；但是要從樹上斫下大椏枝來，該怎樣辦呢？用石刀去斫，當然很費力，因此斧頭就被發明了。

我雖叫牠斧頭，但請不要以爲像你們現在常見的那些裝着長柄的漂亮斧頭呢！石器時代的人，是不知道這種東西的。他們的斧頭，全用石頭做成，細的部分，可以握手，用牠來斫樹好像不大中用。但是，你若用牠來試試，看也能夠斬倒很粗的樹，可知這些石斧是有用的東西。

石器時代的人，喜歡喫動物的生肉，他們並且知道骨頭裏面更有骨髓；凡是初期人住過的地方，不論那裏，我們都可以找到動物的骨頭，而且這些骨頭都是敲開了的，因爲要取骨髓的緣故。依骨頭的碎裂痕迹來想像，曾經似乎在石上再用石擊碎的。他們所用的大約是粗劣的石槌似的東西。

四　石尖的槍

初期的人，對於猛獸很害怕。歐洲的許多岩窟裏面，都住過獅子、熊和別的動物。住在岩窟裏的熊比現在頂大的熊還要大些。牠們有很堅固很銳利的牙齒，又有可以抓傷人類肉體的爪。人們如果偶然走過岩窟口，這種熊便立刻跳出來，把人撕得粉碎。人在那時，還沒有武器能夠對抗這樣凶猛的動物。住在岩窟裏的獅子，也是很凶狠的，人們不能不像對熊一般地時刻提防牠。總之，在那時候，無論誰都有隨時失去生命的恐怖。

但是，那時的人們並不向這等動物去乞憐，以保全生命；他們用自己的頭腦來發明新式武器。這就是裝着石尖的槍。在這種槍未發明以前，大概尖頭木棍，常被使用着的。但木棍的尖頭，很是脆弱，因此某獵人（或是很多的獵人）便想到利用尖利的石頭來做鎗尖了。槍的石尖，現在歐洲已發見了不少。木柄雖已朽爛，但從那種尖石塊的式樣看來，還不難證明牠的用途。

人們終於得到石尖的槍了。他們對於住在岩窟裏的獅子和熊，已經沒有害怕的必要。事實上，獵人們因爲要殺這些動物來喫，簡直到處去搜尋了，成堆的因取骨髓而敲開的骸骨，就是石器時代的人，常常提了獅和熊來舉行宴會的證據。

五　弓箭的發明

石器時代的獵人，想捉得兩隻在左近喫草的鹿，便從繁密的灌木叢中，悄悄地走近去。稍許有點聲音，鹿便要逃去的，所以他右手提着石尖槍，輕輕地走去，努力使牠不要發出聲音。

最後他巧妙地靠近鹿了。他準備將槍，舉起手來，但是，當他正要把擲過去的一瞬間，那隻鹿，猛然擡頭，（大概是牠聽得或嗅得人已近了的緣故。）逃走了。

獵人便盡了滿肩的氣力，把鎗擲過去；槍穿過空氣，非常快速，發出聲響，好好地向鹿那邊飛過去。可是，說時遲，那時快，鹿早逃去了。槍掠着逃得落後的鹿的腳而落在地上。獵人非常悔恨，再擲一次，終於失敗了。

石器時代藝術家所描寫的射鹿的圖。鹿的後肢沒有了，人的姿勢，畫得很有趣。

他並不是沒有氣力不會擲槍的人。他也和部族裏的別人一樣，是擲槍的能手呢。獵人尋得槍，非常灰心。能夠殺死鹿和野牛等野獸的自信心，幾乎喪失了。雖然有時也用槍去殺得那種動物，但總是失敗的回數多。因此獵人們不能不想辦法了。大家覺得有尋求比槍更好的武器的必要。這樣的武器是什麼呢？那就是弓和箭。

你們知道，人類在發明弓箭以前，經過多麼長的年月呢？你聽了定要大喫一驚：從發明使用尖石到使用弓箭，要經過五萬多年呢！

把箭放在弓上，去射野獸，這種思想，大抵不是一個人所能想得到的。這是許多年代，許多人們，用智慧去想的結果。

弓和箭的使用在當時是歷來武器中最好的一種。獵人們就是不大會得擲槍現在也可以不很費力地去殺死野鹿和野馬等動物了。就人們的地位說，一有了弓箭對野獸就佔了非常勝利的地位。

六　最初的船

石器時代的人，要從深河的一岸，渡到對岸去的時候，到底怎樣的呢?最初，船是沒有的。所以他們除了游泳渡河以外，再沒有別的辦法。

關於渡河的問題，當然是石器時代的重大問題。家族常常要爲找尋可以狩獵的新森林而移居。冬天雖常在岩窟裏過日子，夏天便要很遠很遠地一再遷移開去。

一羣的人，遇到淺水的河，自然大人可以把嬰孩兒童等抱着，涉水過去。若是水深的話，男人和女人，便不能不在背上馱着孩子，游泳過去了。遇着河面廣闊，水流湍急的時候，當然常常有人溺死的。

幸而想到渡河的安全方法了，這就是船被發明了。

最初的船，的確是不成樣子的東西，——大概是木段吧!想着用木段當作船的人，大概是喜歡做箇便儘巧事情的人。他大概看到被狂風暴雨摧折的木段，在河裏浮着的情形吧!

「啊!」他叫起來了。「我倘若能和這木段一般渡過河去，何等便利呢!」

他沿着河岸，一直走去。不久，一個很好的念頭，在腦裏浮起來了。他跑下水去，一逕走到木段旁邊，抓了一根粗的樹枝，緊緊地握住。他和木段一齊向下流氽去。最後他便攀登木段，坐在木段上，木段仍舊不沉，於是他便划着走了。

不久，他留意着已經到了離村很遠的地方。但他不能把木段變更方向划回來，因此就跨下水去、游到岸上。他急急地奔回村裏，大談自己冒險的經過。

石器時代的木段舟。

此後，他同部族的人，已經知道人可以坐在木段上渡過河去的了。

再後大家知道用砍去椏枝後的圓木段，製造長形的「船」了。大概他們坐在這種木段船上，是用木棒划的。否則只好隨水流氽去。經過了許多年代，使用扁頭的木棒划船了。將木棒用力地划，在水流不急的小河裏，木段船可以安然過渡了。

七 最初的用火

你們可曾想過，人們是怎樣發現使用火的嗎？這實在是從偶然和好奇心發生的。

你們也知道每年有好幾回因落雷而山林焚燒的事情嗎？最初的人，大概就從山林的焚燒，纔知道火的性質。而且在人們對於火尚不十分明白的時候，他們看見山林焚燒起來的黑煙直噴，火焰飛舞，也許以為這是可怕的怪物！所以他們見了就拚命奔逃，逃得吁吁喘氣。他們很害怕這種怪物，但是誰能夠笑他們呢！

一切人們的心裏，都藏着叫做「好奇心」這種東西。當時大概有一個人，對於這種吞喫整個由頭的怪物，起了一種好奇心。某次，他從火邊逃走之後，想去看看這到底是怎樣的一回事，所以便轉身回去。跑到山腳下。這時候，火大概已經熄滅，祇有燒剩的殘焰，還在這兒那兒飄搖。他走近去，身上忽然感到和暖，覺得這舒適從未有過。

別的人也覺得奇怪，大家跟了他來。他對着他們表示說「好呀！」這麼意思的一句話。於是其中有兩三個人，也走到他立着的地方去看了。他們也感到和暖，覺得舒適。有一個人說：「難道我們不好更走近些嗎？一定會得更舒適呢！」

最初的人們，從山林焚燒學習取火的方法。

你們試想：走到近火去的時候，這些人們的情形怎樣？

他們裏面有一個人，看見還有些未曾熄火的柴，他便攥住不着火的一端，拿了起來，纔曉得火對於自己是沒有什麼考慮的他拿了這根着火的棒，離開山坡走去了。

拿棒的人走了一程路，火便燙手，他立刻把棒丟掉，那知火便延燒着棒落處的乾草。他喫了一驚，站在旁邊看着。於是他想到這是和山上的火相同，牠碰着別的乾草和木棒，便會延燒過去，這種思想，先經過試驗就可以應用到實際上去了。

有了這種新知識，人們便把着火的棒，拿到住的地方來打火堆。要使火永不熄滅，所以日夜不斷地加添燃料。

科學者告訴我們：最初的人們的火，有些是這樣從山林的焚燒得到的，也有些是從熱的火山灰裏得到的。

八 發明取火的方法

人學會了從山上攜取着火的棒，到住的地方來打火堆的一回事，不能不說是一種偉大的勝利。人雖然打算不論日夜使火繼續燃燒；但也常常熄滅的——這大概是當他們熟睡的時候，或降大雨的時候。當這種事件發生時，就頗爲尷尬。當然這部族的人只好向別部族裏去乞取那有光的東西；否則他們衹好熟肉也沒有，暖氣也沒有，挨過許多年月，等待下次的山林焚燒了。

人們因爲不願意使火種斷絕，他們最後便低着頭來做種種的試驗，終於發明了隨時都可以取

火的方法

在初期石器時代，人們怎樣能夠知道取火的方法呢？這無法明白的，所以無論那個，都不能把這種事情的經過寫出來。但是我們可以依據那些還逗留在半開化狀態中的美洲印第安人和愛斯開莫人民族裏的情形，去推求一個大概。

人如果搓自己的手，手便熱了。你們也不妨試試看。大概石器時代的某人，留意到這種情形。他又想到：和搓暖自己的手同樣，火是那種熱了的木棒製造出來吧！大概他又想我們且把木棒來磨擦，到牠熱時，看到底怎樣。

人們到底是怎樣知道取火的方法呢？現在想把這椿事情來講講：（但這祇同講故事一般！）

磨木取火

知道用熱的棒可以取火的人，他便磨擦木棒來試驗。木棒越磨擦越發熱起來。磨了一回，木棒全根熱了，可是火總還沒有。他磨得很費力，便覺絕望。但他把自己經過的情形，對朋友們去講，他們聽了都很有興味，於是決心要造火了。其中有一個人，的確照圖裏畫着這般做。他用石斧做了一塊厚木板，把牠靠在樹幹上，再拾一根木棒，一上一下，用勁地磨。不知磨了多少回，便磨出一條溝槽；溝裏有比鋸屑還要細的木粉了。

他再繼續磨下去，唉！眞奇怪呀！那些木粉熱起來了。他想：兩手不停地磨，火焰總會出來吧！但是火焰終究沒有，祇不過發些煙，木粉變些黑罷了。

他想：且拿最容易着火的東西來試試看！便順手扯一把乾草，放在木粉上，火果然起來了。他非常開心，開心得叫起來。朋友們都圍攏來看，大家看見有一些火正燒着，便再去拿許多乾草來燒，火果然熊熊地燒旺了。小樹枝和木棍也都燒着，眞的火終究做成功了。這是人類自己知道取火的經過。

九　取火的方法的改良

石器時代人們所住的地方，到處都有硫化礦石和火石的小片。硫化礦石是硫黃和金屬的混合物。歐洲有許多地方差不多隨地都有。因為牠是黃色的，常被人錯看作金子；把牠當做金子，是很愚笨的，所以有時叫牠做笨金。

我們可以相信石器時代的人，已經應用火石而使厚的硫化礦石發火了。那時的人，尋到一塊硫化礦石，把牠拿到岩窟裏去，是我們所想像得到的。那個人大概想把這塊礦石做成工具，去試驗對於斬削火石是否有用。

但是，眞奇怪，這時火花迸發了。

「啊呀！發出來的，和火堆的火是同樣的東西呢！」——那個人大概這樣想。

後來，他不知怎樣一來，更想試用什麼東西來點火了。把乾草放上去，於是他明白，硫化鑛石和火石搧擊時所發生的火花，也會引起燃燒。這樣，比磨棒取火，更來得容易，來得迅速了。

一〇 搬入岩窟

太古的時候，也許在某處地方已經有極少數的人住在岩窟裏了。但是，就算有人居住，也是很少很少的，因爲科學者曾經掘到最深的地層中，在岩窟底下從不曾碰到人的遺骨過，而獅子和熊的骨頭卻很多。

人們大批地搬到岩窟裏去住，這是石尖槍發明後的事情，那時纔把岩窟裏住着的獅子和熊等野獸殺死或驅逐。人很希望住在岩窟裏，至少冬天格外需要。氣候寒冷的地方，岩窟裏自然比冰凍的露天好些。但岩窟也不是十分舒暢的地方，那裏昏暗而又潮濕。那裏曾發見病人的遺骸，據醫生說，這些病大概因受濕氣而起的。

岩窟裏面火堆常常燒着。這是從掘起來的遺物上，都帶有灰而知道的。然而岩窟裏沒有煙囱，不能放煙。所以火堆往往在岩窟的進口。

火堆不但可以減少岩窟的寒冷和濕氣；更可以嚇退野獸。森林裏的動物，都是怕火的。最初的人住着的岩窟，常是很大的，有些有幾百呎長。離開洞口的地方，很是黑暗。這些黑暗的部分，大概光是好藏食物用的。——在他們知道在裏面點燈以前，的確是這樣的。

二　離去岩窟

石器時代的大部分岩窟，是人類主要的住所。天氣和暖的時候，人們雖然常常到原野中去；一到冬天，便搬回岩窟來躲避冷風了。

到了石器時代終期，就有許多家族，建造了小屋，終年住在那裏。那時所建造的小屋的遺址，北面從遼遠的丹麥，南面到意大利，都有發見。丹麥所發見的小屋遺址，恰像這裏所畫的樣子。周圍的大圈子是用石塊砌成的，缺的地方，就是小屋的進口。裏面的一堆石頭，是燒火的石竈的遺跡。大概要使煙從進口出去，所以竈設在進口左近。

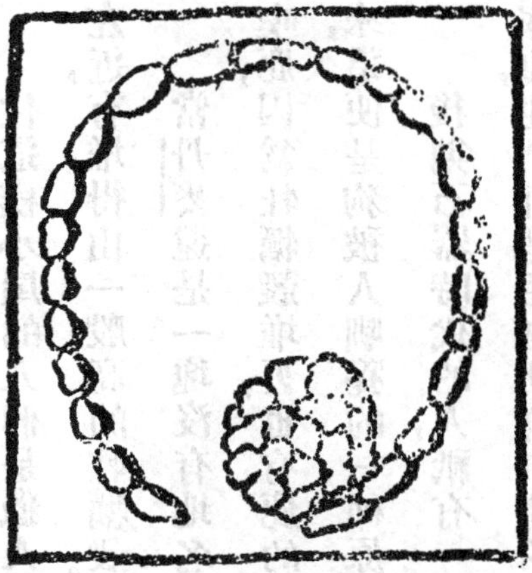

遺留在丹麥的小屋遺址。

小屋的內側，有用樹枝做骨子而編成的葦壁。這從石圍內側的碎屑中，發見一些燒過的黏土可以證明。因為這黏土碎片的一面留着編壁過的葦草的痕跡，在別一面有一萬年以前塗黏土到壁上去時的指印。這黏土，是用來防風雨的。大概小屋被火燒了，黏土被燒硬，便一直留存到現在。

住這樣小屋的人們，是獵人和漁師。他們已有粗笨的船，用以漁撈牡蠣和貝類。這些小屋遺址的左近，有堆得山一般高的牡蠣殼。這種殼堆裏，還留着獸骨以及石製的用具和武器。

當丹麥還是一塊沒有地名的土地時，住在那裏的獵人，很喜歡喫野牛和野豬。後來大概又喜歡喫鹿，因為牡蠣殼堆裏，也有鹿的骨頭夾雜在一起。野狗到了嚼人們所唾棄的骨頭，常常到小屋左近來，這便是狗被人馴養的一種原因。

後期石器時代的人，祇有一部分離開了岩窟，搬到小屋裏去住。別的許多人，仍舊留在岩窟的老家裏，他們都是怕做新鮮事情的人。

二　在意大利的小屋和煙囪

亞得利亞海（Adriatic Sea）旁的意大利，也發見了石器時代的小屋的遺迹。當然，這些小屋，都是長期間受雨打風吹和火燒而破壞了的。祇有造過小屋的地基和當時住的人所用的種種物品，現在還剩在那裏。

小屋基地，普通是成圓形的，有兩三呎深，十五呎左右的闊。在這坎裏的許多遺物中，有黏土的碎片。這些黏土是塗在柳枝編成的屋頂和牆壁上面的。用骨製成的縫針咧！石刀咧！石斧咧！也夾雜在別種遺物中間。還有取出骨髓的動物骨頭；這件事，可以說明住在意大利小屋的人們，是把牡牛、小羊、海狸、鹿等當做食物的。

從有燒剩的木段和燒過的動物骨頭這種情形看來，可以證明住在這種小屋裏的人，是在小屋的中央燒火；不像丹麥那邊在進口左近的，而且這種情形，又可以說明已經使用煙囱的了。不過雖然叫牠煙囱，並不是像我們現在所看到的樣子，大概祇在屋頂上開一個洞兒就算了。

一三　編物的發明

石器時代的婦人也是頗辛苦的人。她們在火堆旁邊替家裏人煮菜餚，幾乎要費去大部分的時間，這是確實的。不煮菜餚的時候，還要把毛皮縫成衣服，這些都是不很容易的工作。當然孩子們不能不照顧，隨時要留心他們，不要闖禍。例如叫他們不要走近野獸，便是一樁。

不久，婦人們又有新工作出來了，這就是編物。雖然叫做編物，實在祇是單純的搓撚和編結能了。那時，雖覺得人們還沒有製衣服的智慧，就現在的若干野蠻民族看來，他們當已知道編袋的方法。袋子明明是撕裂樹木的內皮而編成的。這樣的袋，當一部族作遠途旅行時，裝運零星物件，是很便利的。

一四　言語的發明

人們不論在什麼時候，都曉得做手勢來表示意思。最初的人們，的確也使用過少數的言語，用粗笨的方法來講話的。但他們不能講長而流暢的話。

最初的人，是怎樣發見言語的呢？這是我們所不明白的。因爲言語和骨器、石刀、鎗尖那些東西不同。不能保存到幾十萬年後，使我們能够明白牠的究竟。

然而根據某種理由，我們也大概能够推測人類怎樣製造最初的言語。你們且和朋們一同深深地進到森林裏，你們把一切的言語都忘掉，而且在森林裏住了好多年。這樣，若想到「溪」，大概就發和溪流聲相似聲音，而講淙淙似的話了。想到「鴉」，便「呀呀」地這麼說，想到「狗」，便「汪汪」地這麼說，難道不是這樣嗎？

最初的人，大概也用同樣的方法，製造了許多言語。譬如說「風」，他們一定說「胡——烏——烏——」。其他如「毛象」、「熊」、「獅子」、「狐」、「鹿」、「狼」等，他們一定也用同這些動物鳴聲相似的聲音來說的。

你們大概又要這樣問了，「能够發聲音的東西，既是這般被取了名字，那末爲什麼我們現在不都是這樣叫呢？」

這是有理的質問。但沒有適切的回答。兩親當然很正確地把種種動物的名字，教給孩子，但是孩子說不定不能照樣地叫。經過了多少時候，有些言語已經變了聲音，到後來，便和起先不同了。

最初的人們，要表現自已的意思，是用手勢或其他的姿勢來表示的。譬如要說「熊逃去了」一句話，他們大概發出熊的叫聲，做起奔跳的姿勢了。要說「高」，他們便把手儘可能地高高舉起。

卽是現在，我們也常常取和聲音相同的名字而叫的。譬如英文裏的 Buzz，是皮皮的聲音，Hiss 是西西的聲音，Crack 是破裂聲，Splash 是物件投入水中的聲音等，你們且把這些話放在口上，自己來玩味玩味看！

一五　在岩窟裏看到的歷史

我們已經講過，從開掘岩窟，尋得人們的遺骨和他們所用的工具以後，纔明白人們是殺那種動物來喫的，但同時若問：「那時的歷史，怎樣會得從這種發掘而明白呢？」這眞是不可思議的事情了。

因爲要說明這種理由，在這裏附着一張圖。這是表示已經調查過的岩窟下的地層的。

那些岩窟裏，原有比現在人們所已尋到的更多的房子。最初從窟頂到底，大約有八呎左右高，後來，風把塵砂等從洞口吹送進來；岩石的碎片，又常常從窟頂落下來；住在那裏的人們，又把種種用具，放在身邊；日積月累，於是窟底便漸漸高起來了。

請細細看這張插圖吧——這是表示在現在窟底以下；九個層次的橫線是表示散着灰的地方。每一層的成功，要費去多少年月，科學者能夠正確綿密地計算出來的。最下的一層，祇尋出幾種獸骨；上一層纔有火堆的遺跡。

在第三層有一具五呎二吋左右高的婦人骸骨，和比牠短一呎光景的少年人骸骨此外還有用石塊和骨頭做的用具也在這層裏被發見。動物的骨頭，像鹿、野馬、土狼等的骨頭，也在那邊

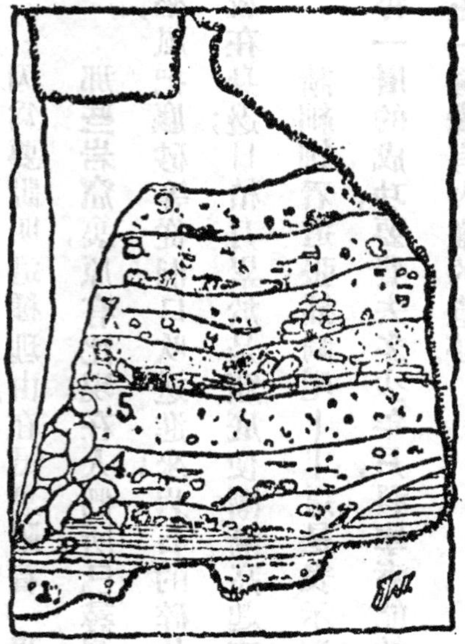

這是表示自然貯藏人類和動物歷史的岩窟內的層數的。

第四層，有一具六呎四吋光景高的男子骸骨，近旁有一隻豹的骨頭。第五層有鹿、牛、野兎等骨頭，和火堆的遺跡，再上一層有從窟頂落下來的許多石塊，從這樁事看來，可以知道岩窟是荒廢長久的了。在最上面的一層，有比下層所發見的，更適用的石製用具；這就是說明人類經過了許多時，聰明起來而逐漸加以改良的。在第九層上，發見了兩具孩子的骸骨。這兩個孩子，於一萬五千年以前埋葬在這裏，這是可以相信的。

一六　岩窟中的藝術

「篤羅斯篤羅斯！」

這是小小的西班牙姑娘的叫聲。這句話，就是下面這樣的意思。

「牡牛！牡牛！」

畫在阿爾他米拉的岩窟頂的動物翠。西班牙姑娘錯看作牡牛的，也和這些很像。

這個小姑娘，是陪着父親，到西班牙北部——比斯開灣附近——大岩窟中去。他的父親，想從岩窟裏掘出石器時代人所遺留下來的火石造的武器和用具。父親聽到姑娘這樣叫時，喫了一驚跳起來。

「在那裏？那裏有牡牛？」

孩子便指着昏沉沉的窟頂那邊。父親擡頭一看，便看見奇怪的東西。動物的畫，在幾方丈這麼大的一塊地方，畫滿着孩子當做牡牛看的野牛的畫。而且那邊還畫着馬、鹿和其他動物；有些和實物一樣大；有用四種顏料着色的。

這個發見，是四十年以前的事情，後來，西班牙、法蘭西等地方，也陸續發見了許多有畫的岩窟。這種畫，已經證明是石器時代後期，住在那裏的人所畫的了。

這種可驚異的歷史上的發見，有最可驚異的幾點。請你們想想看，在石器時代，已經有着色的繪畫了。當小姑娘不曾在西班牙的阿爾他米拉附近的岩窟中發見以前，恐怕誰也夢想不到有這樣的東西吧！

那個岩窟有九百呎光景長。有幾處有五十呎闊，非常大的岩窟，無論什麼時候，總是這樣的；牠又是很紆迴盤屈的。岩頂很低，有幾處，人若不低着頭，就走不過去。進口近旁發見了火堆的遺跡，和取去了髓的骨頭；還有刀斧槍尖等也在進口左近發見。

最初，雖祇看見了「牡牛」，後來這個西班牙人去看岩窟的別部分，幾乎到處都有石器時代的藝術家所畫的圖畫。他發見了這些畫是各種時代所畫的。最早的比最遲的，恐怕要早一萬年吧！

最初的畫，是用黑色的，後來用紅色的。紅色之後，岩窟藝術家便用許多種顏料來描畫了。

一七 奇形怪狀的毛象

穴居人所描的毛象。

最初的圖畫，是很拙劣的。那些圖畫，常常描畫動物的姿勢。在西班牙品大兒的岩窟的壁上，毛象的圖用紅色顏料畫着。這是像複製在這書裏一樣，這位藝術家，似乎不大高明。他把牙齒忘記畫了，祇畫了兩隻腳。大概描寫那邊的兩隻腳，在他一定非常困難。一大塊紅色，他恰恰畫在頭的後面，這表示心呢，還是描畫耳朵呢，我們是無從明白的。

比牠好一點的毛象圖，更在別個岩窟裏發見了。總之，沒有一幅是正確描寫這種強大動物的姿勢的。祇有兩三個石器時代的藝術家稍稍留意描寫四隻脚和長牙。也有連毛都畫出的。

野牛和馬、馴鹿等幾百隻成羣的圖，常常和熊、狼、鴟鴞、魚等的圖，同在岩窟的壁上發見。而入的圖，祇在幾處地方見到。

二 畜牧社會

一 狗的馴養

在石器時代初期，人類對於動物是不會發生友誼的。人類見了動物，不是害怕便是想把牠們殺害。但是，不久人便和狗做了朋友。

狗，從前是狼的親屬，牠的祖先，大概是從狼族裏分出來的。後來，「野狗」便是從這狼的別種出來的。

人最初怎樣馴養野狗呢？關於這件事的確實情形，當然是曖昧不清了，但是說我們不能用頭腦來推想這件事，總沒有這種理由吧！初期的獵人，像是常常殺野狗的。他們把牠殺掉，來當作食物。我們且這樣想：某天有一個人出去打獵，打殺了正產着小狗的母狗。獵人因為小狗是無足輕重的，就丟着了。後來有兩個孩子——男孩子和女孩子，恰到森林裏去遊玩，女孩子叫起來了。

「啊！啊！呀！在這裏，有走也不會走的可愛的一隻小動物呢！」

男子尋見了小狗。

「捉了去吧！」他說。

小孩們便立刻捉了那隻胖胖的小狗。男孩子對女孩子講：「抱着妥當吧！」

「這樣還有一隻呢！」男孩子叫了。他跑去捉了來。

小孩們帶着小狗一起回岩窟去了。

「啊！」父親望見了孩子的樣子說。

小孩子帶同小狗去養了。

「你們捉了小狗來哪！帶到這裏來，我來殺牠，這是滋味很好的呢！」

「唉——」女孩子尖脆地叫了起來。「不要殺掉這般可憐相的小狗。牠們能大起來的，請養着吧！」

「請給我們養吧！」男孩子也說。

年老的獵人喫了一驚。他從來不曾聽見過這樣的話。心想這兩個孩子眞笨啦！他抓住小狗要殺了。於是，女孩子眼淚汪汪了。這種樣子，他終究不忍把牠殺了。

「呃呃姑娘呀！」他柔和地說。「小狗已經得救啦，不要再哭咧。」

小孩們開心得跳起來了，此後他們便飼養那兩隻小狗，到小狗成了大狗，牠非常喜歡小孩們，保護小孩們。

這雖單是憑空想像出來的話，但在科學者想來，飼養在森林裏或原野中尋得的小狗，這就是狗被人馴養的開始大概是眞實的。在某場合，也許狗是這樣被馴養的，但在別種場合也許大狗們當喫肉時，來嚼人嚼過的骨頭，所以就和人們做了朋友，

那些狗，這樣成了馴養的動物，直到石器時代終了，和人們有深切的關係。當然狗做了獵人的助手，去追趕鳥獸了。有的捉得野兎，把牠銜到獵人這裏來。被馴養到這樣子了，還有因了狗的警告，使人們可以避去獅子和別的猛獸的突然的襲擊。

二　最初的騎馬

好多時間，人們總把馬當做用火燒來喫肉的滋味很好的動物。被槍箭所殺的馬，足有幾萬，這可以由石器時代人住過的地方所發見極多的骨頭來證明的，

馬的彩色畫和刻繪，常常由岩窟藝術家描寫。看了這等圖畫內的一幅，馬頭上已經繫着繩了。這就是說明：這畫描寫的當時，這種動物已經被馴養了。此外石器時代的畫裏，有一個人拿着一條鞭，追趕兩匹馬的。若是他們要殺兩匹馬的話，那末他應該用槍和弓箭了。

在石器時代歐洲已經知道養馬了，但亞洲方面，好像還要來得早哩！

你們且遠遠地追溯人類的歷史——追溯到馬最初被馴養的時代，而加以想像着！

某日，有一個人這樣自言自語：

「那匹馬，走得怎麼快啊！我若也能夠這般快走就好了。」

一個夏天，他臥在樹陰中，朦朧地想：和馬這般很快地馳騁曠野，難道不成功的嗎？忽的一看，在僅僅幾呎之前，仔馬在喫草，他竟妙想天開了。

「騎上這傢伙的背啊！」這樣一想。

馬一些也不留意到人。他走近去跳起，抓住牠的鬃，終究騎上馬背了。

馬已得到騎者了。

這種樣子，當然和賽馬時看到的相像。馬跳起亂跑，用後脚直立，發狂了。雖是仔馬，但也是強健的馬。所以，他用一隻手切切實實地抓住馬鬃，還有一隻手抱住馬頭，使馬多少感到呼吸迫促的苦楚。馬疲乏了。後來完全發暈了。人便展開手掌拉住牠，橫穿平野跑回來。

就是人們制御馬，馬遇到了騎客的情形。

三 負傷山羊的話

在石器時代的後期，狗和馬以外的動物，也有被人捕捉而馴養的。這裏面，有山羊和綿羊。山羊是怎樣被原始人養的呢，我就講個故事吧！

有一天，一隊獵人，在瑞士地方，碰到了十二隻光景的野山羊。獵人對着這羊羣，一齊射箭。山羊全部被捉住了。獵人們各自取得山羊，向村莊中的小屋搬去。

部族的親長——酋長——也在這隊獵人裏面，他也手裏抱了一隻山羊。但是想不到，抱着的山羊，動起來了。酋長一驚，看牠了。不料這山羊還是活着的——箭雖刺進了山羊的肉裏，只受了一點傷。老年的獵人，當初因爲被牠嚇了一跳，想把山羊殺死。但他重想一回，又把牠留着了。

平日所沒有的某種念頭，在他心裏浮現起來了。

他願意屢次打來的野獸，不論什麼時候，都足夠的他的部族裏，有時有喫不完這般多的肉。但有時打獵失望，部族裏的人們不能不挨着飢餓。

酋長立刻想着，已得到挽救這種困難的機會了。他打算暫時把山羊活的放着，等到野獸不多的時候再殺牠。

這時，別的獵人也叫了：

「我的山羊也還不會死呢！不殺是不行的。」

「且慢！」酋長說「我的山羊也是活的。我們不是有出去打獵而打不到野獸的時候嗎？這些山羊，且拿到村裏去，就這樣活的放着，等到那時好用。」

那些山羊，便用皮紐做成的堅牢的繩，繫在樹上，讓牠們在村莊附近喫草，不久，養得很胖很馴良了。

因爲有一隻山羊是雌的，某人學得了擠羊乳來喫的知識，於是那部族的人，想得到更多的山羊，就在山地上掘了許多陷穽。山羊走過那裏，便跌進到洞裏去了。於是就在項頸上繫一根繩，向村莊中的小屋牽去。——這決不是毫不費力的工作，大概野山羊一定要非常用勁地將角撞過來的。

四　湖上生活者和畜牧

在瑞士和歐洲別處的湖底裏，曾發現過許多處上古人類村莊的遺址，在遺址的附近的泥裏，並發見了許多石器，這是石器時代末期的人們所作的東西。這可以推知那時的人們曾經營過湖上生活。他們爲什麼要營湖上生活呢？主要的原因，就是爲湖上沒有危險囉！他們已經有許多家畜，這些家畜，因爲要受狼和熊的偷劫，和別部族的人們的掠奪，住在湖上，這些掛念就無須了。

我們已經講過馬、狗和山羊、綿羊被馴養的故事了。住在湖上的人，還養養牡牛和豬呢！這些動物的骨，曾在架過小屋的木樁木棍附近的土中尋得過的。

這是湖上人把家畜趕到牧場上去的圖。

這是將掘起來的木材，好好地研究再照樣架起來的樣子。

野獸的骨，也和家畜同樣，從湖底的泥土裏發見。褐色的熊、狼、狐、野貓、海狸、野牛、鹿等，常常被湖上人殺來充食用的。

科學者能夠把當時被養的是那一種動物推究出來，這種能力，眞是可驚。據說要知道這些，也祇有一種方法，就是由骨頭上微細的差異點去辨別，例如野豬的某根骨頭，比已被馴養的「豬」的皺紋多些。這大概因爲豬被人飼養而過着比野豬來得安閒的生活的緣故吧！

綿羊、山羊、牡牛等，日裏出去喫草，須有人看管，所以湖上人定已需要牧人。部族中身體強健的人，不能不出去打獵，這等工作，想來是由婦人和老年人擔任的。

到了天晚，便把牠們趕到村莊附近造在水面的欄裏。因爲要避免夏天的雨打，和冬天的風吹雪壓，所以上面建造着蓋。又因要免得進出時擠入湖中，所以周圍造了欄柵。

五　最初的紡車

植物中的亞蔴生長在歐洲各地的原野上，常有二呎多高，住在湖上的人已知道亞蔴幹上長而韌的內皮，可以製線。

把亞蔴的幹在水中浸四五天，再在陽光中曬乾，剝下牠的皮，一束亞蔴，這樣一做，就成爲幾百條薄皮，都有十八吋至二十吋這麼長。

因爲要把這些薄皮做成很強韌的線，所以把牠撚攏來；最初是在指頭間撚的，這不是輕便能夠做成的，因此有一個人，在亞蔴皮的一端，繫了一塊小石塊，把這石頭骨碌骨碌旋起來。這在撚蔴皮上，已是不壞的方法了。但總還嫌不工細。不久，便知道用中央穿一個孔的圓石頭，那末撚起來更好，可以非常容易而迅速地撚攏蔴皮了。住在湖上的人們，更把黏土製成圓而中央有孔的東西，用來撚蔴皮。會在一個泥紡車旁發見過，細的圓棒上，繞着亞蔴線，這是世界上所知道的最古的紡車了。

六 縫針的起源

在石器時代的初期，是沒有有孔的縫針的。只是用細而尖的棒或是細而尖的骨啦、石啦在毛皮上穿洞，當作線用的，大概乾燥的獸筋一類東西。

我們現在，試講個關於縫針的別種故事吧！這樣的事情，大概是有的。

當石器時代的末期，一個婦人，坐在大岩窟前面縫衣服。她在這岩窟裏，跟着自己的丈夫、孩子、兄弟、姊妹、叔父母、堂兄弟等一塊兒過日子。這婦人比同部族的別個婦人聰明些。

石器時代的母親，大半都是這樣替自己的孩子縫冬天衣服的。下面左方是石器時代用的針。

一天，她正在縫毛皮為做孩子們的衣服，大概因為冬天近了，要作禦寒的準備了。她拿了尖的骨針，在毛皮的邊上戳一個孔，再把牠拔出，然後把筋線穿過去。她自言自語地：

「嗄！要把這樣零零碎碎的毛皮縫攏來，眞是很費事的工作哪！總要想一個更好的方法出來纔行。」

某種念頭，忽的在她的心裏浮現了。她兩手抱着頭，靜靜地想了一回，突然跳起來叫道：

「曉得了！曉得了！曉得該怎麼做了！」

她走進岩窟裏，把丈夫最銳利的火石短刺刀，從藏着的地方拿了出來。走到明亮的地方去把刺刀的尖鋒，在縫物時常用的骨片的一端，鑽了一個孔；再在這鑽好的洞裏，穿一根細繩似的筋線；把牠穿過一塊毛皮時，筋線也好好地跟了這針一起過去了：這就是縫針發明的經過。

說針是這樣發明的，雖不能說一定正確；但當石器時代終了時，已有人使用骨針，這是確實的。大概最初發明針的，一定是婦人們。因爲縫衣服已是她們的工作了。

那些針當初是不成樣子的東西，那是不必說的。但不久便改良了。這些改良的骨針，在岩窟中被發見的已有幾百根。其中有幾根是頗爲精緻的。

石器時代後期的火石利刃，牠的尖端大概可以用作開針孔的。

七 木段船的改良

在渡小河和湖水的時候，木段船自然用得着。但如要渡過水面闊大，水勢湍急的河，可不很中用了。在急流裏划動，不能自由如意，不能好好停船；人正安然坐着的時候，突然間是常會被水一沖掀下水去，——因爲木段是圓的，人倘若向一面欹側時，便立刻滾轉了。這些事情，當然使初期的人們苦惱。他們原想坐在木段上面，平安渡過河去，這般一次一次被掀下水去是不穩當的。

於是有一個人，便作新的設計了。他想把三根細的木段，綑紮起來，（大概是用細長的獸皮，）試造一隻安全的船。這種設計被實現時，眞的船方纔成功了。

當石器時代將告終時，木段船常在中部剜咧燒咧，做成一個空洞。這很像現在小舟的一種了。這樣挖空的船，曾有兩三隻在歐洲發見。

八 石壁的房屋

就我們現在所能夠知道的來說，石造房屋，直到石器時代快終了時，還不能建造。你們已經知道，岩窟裏很暗又很潮濕；蘆葦小屋很不牢固，當發生狂風暴雨時常常會被大風捲去。

還有一種缺點，蘆葦小屋很容易引火。火爐是沒有的，屋中不能不燒火堆，火星就難免要向四面八方飛散。——有時火延到葦壁上去，全村莊的房屋，就化爲灰燼了。

當時——歐洲各地富於發明心的人們，大家在想怎樣使房屋不致這樣易於燒燬的方法。不知靠着什麼機緣，葦壁的內側和外側一般也塗上黏土來試試看，結果由火星飛散而起的火災竟得預防了

這樣的小屋，火災是可以防避的了，但怎樣對付狂風的吹刮呢？這問題一提出時，聰明的人便想出建造石壁房屋的方法。

這裏的一張圖，就是說明建造那種房屋的情形。幾千塊石頭，先從四面八方搜集攏來，堆在一定的地方，然後把牠疊起來，在四周造成堅固的壁。雖然沒有塗別種東西來把石頭黏住，但這些石壁卻疊得很好，有許多直到現在，還有一部分殘留在那裏。

當石器時代末期，住的房屋的壁，是這般建造的。

在石壁上面，密密地橫架着木段，木段上面蓋着黏土或雜草，再在上面開一個洞，做成了煙囱。

九　湖上生活

一千八百五十四年，瑞士地方，好久沒有下雨，那些湖底的四周都乾起來了。住在邱利西湖港灣近旁的人們，想利用水淺的湖地，來推廣園場。他們便把港灣開深，眞是稀奇的事情，浚湖機器，沉到湖底裏去了，沉到從前住過人的地方去了。

到底那種人，曾經住在這地方呢？這倒成了一個問題，便邀請科學者來研究。附近的泥土裏，發見了石器。

湖上人探獨木船。瑞士湖底曾發見這樣的船。

瑞士，以及歐洲各地，別的湖，也被浚渫了。無論英國、德國、意國的湖底，都發見了人住的痕跡。但是瑞士最多。瑞士的某湖裏，有人住過形跡的，一共有三十一塊；另外還有一個湖，有四十九塊。

這些「塊，」究竟是什麼意思呢？這就是說明湖那裏曾建立過村莊。在石器時代已經有許多人，在湖面上造房子住了。那時的人們把十呎到三十呎長的樹幹截斷了打進湖底。這些木樁的一頭，總是尖的，因爲這樣纔容易敲下去。

有時是徒手涉水的；有時是用挖得深深的獨木小船渡水的；人們這樣把木樁運到湖上，敲入湖底，再在木樁上鋪了地板。這些都從木樁間的遺物推想而知。

地板鋪好了，人們就在這上面造了小房子。書裏這幅畫，就是小房子的式樣。某個湖上村莊裏，有幾百間小屋呢！而且這些村莊，都各有幾道棧橋渡到岸上去。

從這些村莊遺址附近所發見的黏土甕和盅，是沒有蓋的；骨製的釣魚鈎也有在四周的泥土中搜得。住在湖上的人們，用了這樣的釣鈎，便很容易釣着魚。

一〇 刻繪的開始

法蘭西來愛徐附近岩窟中所發見的熊的雕像。

已發見的石器時代後期的藝術，不僅是色彩，雕刻和刻繪，也是那時發現的。

刻繪是什麼呢？就是在物體的表面，刻着動物的姿態和模樣的這種東西。例如你們在木頭上刻着自己的縮寫名字，那末你們就已刻成極簡單的刻繪了。

這是鴨的寫生雕在獸角上的。

這種刻的畫，在岩窟的壁上也有幾百發見。裏面雖有少數刻得很高明；

大部分卻非常粗劣

石器時代人所畫的人的面貌。

放在你們面前的這幅熊，是法蘭西的來愛徐附近的某岩窟裏的非常高明的刻繪的複寫品。這岩窟裏有描寫野牛、馬、狼、馴鹿等肖像的刻繪，一百多幅。

又在法國某岩窟裏，發見了鶴的刻繪。別個岩窟還有一隻鵝和兩隻鴨，雕刻在石頭和獸角上；刻在角上的鴨，就像書上所畫着的一樣。

石器時代作刻繪的人們，對於描寫人的面貌和姿勢非常拙劣。大概在他們想來描寫那些常常看見的男呀女呀是辛苦而沒趣的。

在法國馬塞附近某岩窟的壁上，刻着人的種種面貌；這裏所畫的兩個面貌就是從那裏採來的。

三　耕種社會

一　古代埃及的農業

我們且離開歐洲，把非洲東北地方的埃及來講一講。

和別的地方同樣，埃及也經過所謂石器時代的一個時期。但是在這裏所要講的，是已進化到大家都用金屬器具的金屬器時代了。大抵七千多年前的埃及人已經使用銅製的器具，來代替石器了。後來，或是同時，他們又造出文字來。製造文字究竟是否埃及人最早，那不很明白，不過埃及人總也是最早中的一個吧！

尼羅河橫貫埃及，流着。兩岸各有幾哩受河灌溉的平地。尼羅河每年的漲水，浸沒了平地的大部分。這種大水，或因多雨而起；或因河源一帶山嶺上的積雪融解而起，但不論怎樣，大水總把淤泥帶到這兒來。因淤泥的帶來，土地便更加豐饒了。

二　大水的幫助

尼羅河的大水，在幾千年中很有規則地漲退着。每年是同一天來的，一漲到幾個月，便又回到河牀裏去了。

古代的埃及人，如果是不聰明的糊塗人，那末他們也許要把這種大水看做是非常討厭的東西。但他們是不糊塗的。他們知道利用這大水到農作物上去。

埃及地方雖說有耕種很適宜的氣候——說得清楚點，就是沒有大寒大熱的地方——可是除漲大水之外，還有一樁不好的事情，就是很少降雨，即使有時降了雨，也不夠使農作物長成。

因爲要給農作物充分的水量，不能不屢次開掘大池和水坑。大水一來，水坑都滿了；就是大水退去，水坑裏仍舊蓄着水。有時還要掘井，也是作灌溉用的。

後來開掘了更多的水坑，並且再開掘長溝，把水坑裏的水引到耕地上去。這樣便可省去運水的手續。所以埃及地方從水坑四周，開掘了溝網般的長坑水道。而尼羅河的大水，終究送來了幸福的結果。

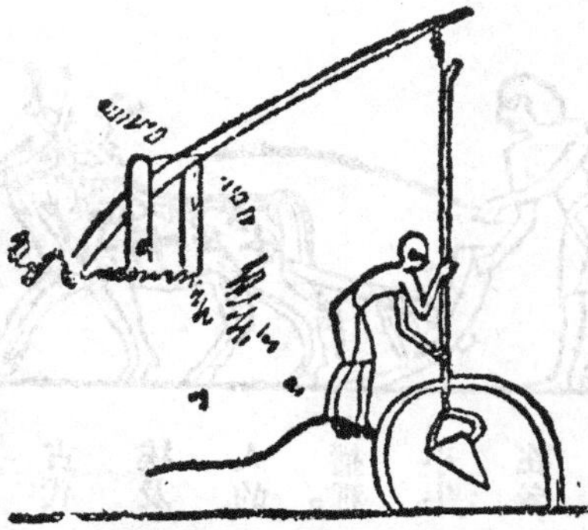

從埃及人所作的圖畫內採來的汲水圖。

三　耕種的話

埃及種作的穀物以小麥大麥爲主這些大概是做麪包用的。豌荳、大荳、黃荳、萵苣是和羅蔔、葱頭，一起種在旱地上的。無花果樹和牛乳柿樹成簇地種着亞蔴和棉花，是爲了要做衣服而種的。

古代埃及人的播種。小牛在老牛旁邊盤旋。

在這裏的插圖上，畫着兩個埃及人在田野中做工的情形。一個人，在趕着帶了犂的兩隻牛。他左手拿着犂柄，右手執鞭趕牛。另一個人，跟在後面，在耕好的畦上撒種子。他照這張畫裏所表現這般，從提着的籃子裏，抓出種子來撒。作畫的人，把撒出來的種子，清楚而強力地表現着。

別的一張，是打麥圖。地上鋪着小麥穗，四隻牡牛，在地上踐踏。有一個拿着耙一般的東西的人，把必須踐踏的小麥，向牡牛前面抓去。趕

打麥

尼羅河氾濫時農人助家畜出水。

牛的人，一隻手拉住牡牛的尾巴，一隻手拿着棒，左邊還有一個人，把更多的小麥搬過來。

當時所役使的家畜，閒空時便和山羊綿羊一起，放到牧場上去喫草。有時大水來了，不當心的牧人，會把家畜都淹在水裏，要想救出家畜，牧人便大聲叫喚起來，於是大家都坐了小船去救援綿羊和山羊，雖可以拉上船去。其餘的家畜，若沒有別種方法，可就救不出啦。船裏的人們，只有拉住牠們的尾巴，趕向山脚邊去。當牡牛和牝牛趕不走的時候，便用一個繩圈丟向牛的頭部，套住了頭，再慢慢地牽過去。

四　兩河流域

阿剌伯的東北方面，有兩條大河，就是阿付拉底河和底格里斯河。現在這兩條大河，在流入波斯灣之前，已合流為一。但在八千年前，是不合併的，緩緩地流進有比現在更長的港的波斯灣。這兩河中間的土地上，和埃及同時，早已開闢而住着人了。那時他們也知道文字，也使用金屬器具。

這地方有種種的名稱，最初叫蘇末，後來叫巴比倫，最後又叫亞敍利亞和波斯。我們在這本書裏，常常稱做兩河流域。

兩河流域的都市，總在河的附近，那是這地方的中央部分，也就是非常重要的部分。都市裏喫的糧食，都是那裏出產的。因為還有許多牧地，所以綿羊和山羊等家畜產出很多。在牧場上喫草的家畜，普通都是住在都市裏的人所有的雇農和奴隸，就是替他們在飼養家畜的。

這裏是描寫牧場情況的一張畫，描寫着飼養山羊的人，坐在大樹墩上，也許是正要坐下去。他還吹着用中空的葦草做成的口笛。做牧人助手的狗，好像喚集了山羊，在出神地聽笛聲的樣子。兩隻山羊，好像也聽得出神了。大概這畫是牧羊人自己畫的。他能曲曲地寫出動物也在領會音樂的一種妙處。

吹奏笛的牧羊者。

然而牧人的生活，決不是和平而快活的生活。至少若有失去畜類這等事情發生，他的主人，有時要使他賠償失去的畜類的價錢；有時要用鞭打他，有時還要受別種方法的處罰。那時的獅子，常在山野中出沒，屢次來襲擊牧羣；勇敢的牧人便拿了小斧和他對抗；膽小的呢，也許慌忙地奔跳了。

五　古代的播種器具

兩河流域，因為沒有足夠種植糧食的雨量，不能不從河裏戽水了。雖然不能從堤岸築得高高的底格里斯河戽水；但從阿付臘底河裏卻可以戽得多量的水。原來這條河上也築着堤塘的。到了春天，上源積雪融解，這條大河便更加闊大了，高漲起來要把都市浸下水去，所以築了這種塘堤來預防。又把高濕的水，用小溝引到必須用水的地方去。

那裏大麥和小麥出產非常之多，在耕種穀物時，像圖上這樣的農具，也被發明了。農夫們好像叫牠做「播種機」，因爲這是播種時用的。機上細而尖的一端，是牛拉着機走去時在地面上開劃小溝的。圖裏有三個人，一個站在牛的橫邊，像是在照顧着牛，要牠好好地拉機般的。後面的人，握住兩個把手。在管理播種機，中間的一個人，在把種子放進漏斗去，這是較安閒的工作。種子從漏斗下漏，通過管子，便落入用機的尖端所翻轉的溝中，這樣，播種便成功了。這可見那時的人已經知道機械的使用，是減輕自己工作，增進農業效果的新方法。

兩大河流域的農具

六 金屬器具的初次使用

住在埃及的人們，一早就使用金屬器具來代替石器。那時已從地中掘出的礦石採取金屬了。礦石受了很高的熱度，金屬的成分便像溶了的糖一般流出來，這種工作就叫做熔礦。

銅是當時最重要的金屬，是造斧、鎚、鑿、槍尖、箭頭等用的。用了牠，可以隨意製成各種的形式。後來好像把錫焊在銅裏面製成合金，這種合金，要比純銅堅固，叫做青銅。

埃及時代的青銅壺、青銅盤曾有發見過。這些陳列在世界各地的博物館內。銅和青銅，還被用來鑄作雕像。雕像的頭面和手脚，用普通石塊和硬的黏土做成。其他各部分，是用型鑄的。

金子的使用在當時已經很盛。門上和寺院牆壁的下部，常常貼着金。這樣使用的是金箔，就是用打成薄紙似的金子。

金銀，有時也用來製造雕像。又，埃及時代的寺院遺址中，曾發見過幾十個美麗的金銀花瓶，是藏在木乃伊箱中的。

七 船和航行

埃及包括着狹長的尼羅河流域地帶和尼羅河分流入海的三角洲。從這地到那地去，因爲有河裏行船的便利，倒也沒有困難。

埃及人所用的船，是用葦幹紮成，上面塗着膠和松香的輕船。這樣的船，自然不適於長途航行。只是從尼羅河的這岸渡到對岸去；或是獵取在沼澤等地方的野鳥時用的。

沿尼羅河上下航行時，用木材做成的船。這樣的船，雖然裝着風帆，但也適於划行。埃及人描繪的畫，遺留到現在的，祇是表現一張帆的船。普通的帆，都是用棉布和蔴布製的。只有少數富翁使用華麗的皮帆。皮帆上面常畫着花卉圖案和別的圖案。

埃及的帆船，大半是小的；但也有幾隻，有一百呎那麼長。大的船，有時駛入地中海航行到幾百哩遠的地方。想得到從萊白儂山採來的松杉，是他們航海目的之一。

埃及人的造船。已經使用有金屬刃的小斧了。

尼羅河的帆船。描這圖的埃及人把兩三個人特別畫得大，

八 文字的發明

文字的發明，在人類歷史上一切的發明中，大概要算最大的發明了。牠給人類以積聚智識的機會。

在文字未發明之前各種部族，如果滅亡了；便不能把那部族的生活情形傳下來。因此，別人不能不從新改建，這是很不經濟的事情。

但是，文字一發明，某世紀的生活，就有用於別世紀的生活了。人們可以知道從前過着那種生活，再把那種生活方式加一番改善了。

埃及人最初的文字，並沒有傳給我們，科學者也祇發見了幾個最後所使用的文字。在這裏所寫着的，可以相信的確是那時的文字。

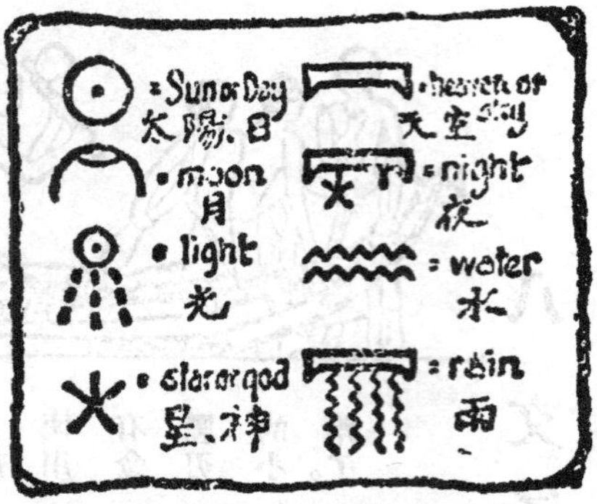

幾個埃及人的象形字。

最初的文字光是一種圖畫。要寫「太陽」埃及人便畫一個太陽，要寫「人」他們便畫一個人。無論「眼」咧，「手」咧以及其他種種東西，也都是同樣的。

畫一種圖使別人明白，這很費事，所以大家儘可能地用簡單的方法來畫。他們還嫌麻煩，於是祇用兩筆三筆來表示。像這裏插圖上的，可以相信的確是他們所寫的初期文字。譬如要寫「日」字，便是圓中加一點這麼一個形象。要寫「月」字，便把一條灣曲的長線和短線配合起來。「星」字是連結五根短線，這個符號也可以表示「神」的意義。大概當初的人，對於星覺得是一種不可思議的神祕的東西。如果看了「空」字如何製成有「一夜」意義的字，實在是有非常興味的。「一夜」是在「空」字下面，加一顆星和短短的直線，而且把「水」字連在「空」字下面，這便成爲有「雨」字意義的文字了。

九　蘇末人的象形文字

我們且看，這專有兩河流域蘇末人用過的八個象形文字。「魚」字是畫着一條魚來表示。當然，這些畫並不是常常同樣地畫的。有些人畫來，比別人略有不同。而且時間的經過越長，差異也越大。這種情形，即是別種象形文字裏，也是同樣的。而且可以明白指示古來文字變遷的路徑。

蘇末人的象形文字。

「鴨」字是用一個奇妙符號寫的，好像這隻鴨，是用尾巴立的東西了。「星」是八隻角的符號，這和埃及人的「星」字不同；因爲埃及人的「星」字，祇有五隻角。兩方面究竟誰對的呢。那是無法批評的。原來星是和太陽一樣渾圓的東西，並不是這些角的。我們有時凝視着牠，好像長着角也似的東西，但這不過是望見罷了。

水字和埃及人的象形文字非常相像。還有「矢」一字，在根上畫着箭尾記號的一條線來表示，從這椿事，可以證明當時的蘇末人，因爲要使箭飛得穩，所以把羽毛裝在箭尾了。

槍頭的圖，使當做槍字用的。蘇末人常造銅的槍頭。刀斧、箭頭，也是用銅或靑銅造的。

一〇　文字的轉化

兩河流域最初所用的象形文字，因爲是寫在木片和皮革上面的，所以已經看不到了。那裏的人們，到了在黏土和石頭上寫字時，已經知道寫巧妙的文字。他們那時，通常已經寫拼音文字了。

你們且想想：如果在英語裏沒有字母，那末怎樣呢？試寫「蜂巢」這個字看。我們一定要先畫一隻蜂，再畫一個牠的巢吧！用同樣的方法，畫了一隻眼和洋囝囝便可讀做洋囝囝的眼或偶像了。這種辦法，是兩河流域間的人們所通用的。他們的話，確實和現在人所說的不同，但拼音的方法，即使沒有字母，也和現在所用的相同的。

把這種寫法的幾個文字，描在這裏。請看黏土板的兩面。一面有戴帽子的，兩手捧着一隻動物，這是拿到教會或寺院裏去供養守護都市的神祇的。還有一個人是跪在下面黏土板的那面，寫着聲音的象形文字。這是就拿到寺院裏去的貢獻品而說的。這種文字，寫法很拙劣，但寫得很認眞。牠從右邊寫起，向左邊寫過去。恰和英文相反，好像不是正確的寫法。這在寫英文的國民，雖有這樣想，可是像中國和日本，便和牠一樣，也是從右邊寫到左邊的；埃及人在非常長的期間內，寫這樣的文

在兩河流域所發見的黏土板的兩面。

字。

二　克利地島的文字

克利地島，橫在地中海的東部，介在埃及和希臘中間。克利地島的人們，在五千年以前，已經知道寫字了。他們向由埃及腓尼基來的商人和航海者那裏學得種種知識。

他們的聲音文字，也許是從埃及人那邊學來的。如果眞是這樣，那末牠的寫法，一定被克利地人大大地改變過了。有些文字，已成爲古代社會的神祕之一，誰也讀不出其中有幾個符號，如果看做是表示若干數目的，那是最妥當的了。

克利地人的字。要到什麼時候科學者才能讀這些字呢？

三　表音字母

我們學習造句時，不是感到困難嗎？但在古代的埃及人想出音符的造句，不知要困難幾百倍呢！因爲要完成牠，不能不先製造字母的。字母祇是表示一定聲音的許多符號。（請讀一讀t或b，便明白我所說的了。）

我們現在用的英文字母，是二十六個符號，然而埃及人的字母，祇有二十三個。這些字母裏面，有三個是由a字發音的不同而區別的。a這符號是葦草的圖。（在埃及是叫ake）。

我們再講一講埃及人怎樣寫aft一個字吧，a是寫葦的象形字的，f是用蝸牛的象形字的（埃及人叫fent），t是手形的符號（埃及人叫tat）這樣拼成aft一個字。

然而aft這個字是有各種意味的字。你要表示什麼意味，必須把特殊的象形符號附在他後面。譬如附加四條直線時，便是表示四的意義；又在表示飛的意義時，就把脚的圖附在後面。可以知道言語的說明，還是畫給他看來得早明白啊！

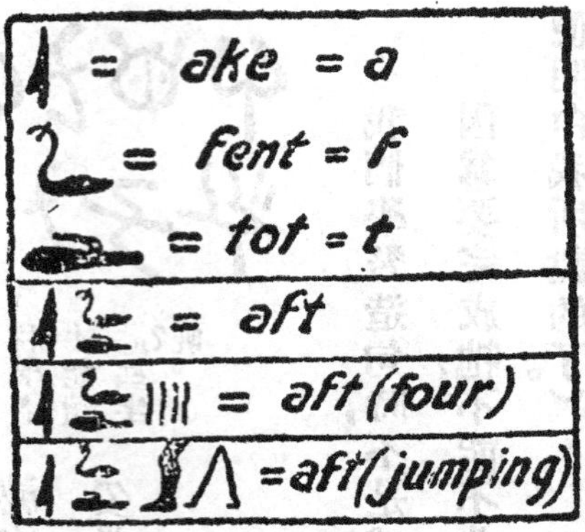

埃及人所用的拼音字。

三 埃及的政治制度

很早很早的時候，埃及人受着兩個國王的統治。一個是管理北方三角洲地面的，一個是管理尼羅河流域的狹長地面的，這兩個王時常互相打仗。後來尼羅河流域的王，遣派軍隊到三角洲王的國裏去掠奪財貨。這大打勝仗的王，名叫美內斯，他如王國般地治理兩個國了。這國王的宮殿，現在還留在孟斐斯地方呢。

在美內斯王之下，有一種有錢有勢而稱為「貴族」的人們；不知怎樣一來，他們的祖先，因某種機緣，竟保有廣大的田地了。這些田地，由父親傳給兒子，由兒子又傳給他的兒子。這些貴族們，當有戰爭發生的時候，總是很開心地去幫助自己的王，不是這樣，那末自己的領土便要被敵國搶去，這是他們所明白的。這些貴族，也各個都統治一部分的地方，頂少的也有一村一市。

你們大概也很明白吧！這些貴族，自己沒有勤勞的必要，他們農場上的工作，有雇農或奴隸會去做的。因爲這樣的組織，貴族們主要的工作，就是收集租稅，去送給國王。一到收租時期，尼羅河裏便擠滿了船隻。這些船，便是裝運租稅的物品到京城裏去的。繳租稅時，很少金錢，大部分是米穀、家畜、羊、酒、油、蜂蜜、衣服等。這些東西，收藏在倉庫裏，而不知什麽緣故，這種房子叫做白亞館。

一四　巴比倫的法律

五千年前，在兩河流域內行醫，實在不是快活的職業，因爲有幾條法律，眞使那些蹩脚醫生，見了苦惱。

「用青銅的刀割治紳士傷處，紳士如其死去，應該割去醫生的兩手。」

曾經有過這樣奇妙的法律。不僅這一條，此外還有，

「用青銅的刀，割治紳士眼瘡，醫生如果使紳士的眼瞎了，應該割去他的兩手。」

因爲有這種法律，在那時，大概誰也不願做醫生了。然而還有造房屋的木匠，也負着可怕的意外

責任。

「建築師替別人造房子，當這房子倒下來，而壓死主人時，那末這個建築者，便該處死刑。」

還有要使當時社會的奴隸們，不能不留意自己的言語，曾有過這樣的法律：

「奴隸如果對主人說『你不是我的主人』這樣一句話，而主人又證明他是奴隸時，他應該割去兩耳。」

那時借錢的人，常常把自己家裏的人賣作奴隸，所以又有下面這樣法律保護因償還借款而出賣的人。

「一個人如其爲了償還借款而出賣自己的妻室和兒女時，被賣的人，應該在主人家裏做三年工，到第四年應該釋放了。」

總之，這等法律——以及此外的許多——是由當時兩河流域中大國巴比倫的王的命令而刻在石上的。這個王的名字，叫做漢米拉比。而這些法律，大部分在漢米拉比王統治以前就通用了。貧苦的人，不用說，在那時社會上，不能像富人們這般過着安全的生活。

「一個人，如其使紳士的眼睛瞎了時，應該挖出他的眼睛。倘若紳士弄瞎窮人眼睛時，應該賠償一塊銀子。」

一五　新戰術

在石器時代，大概已有這部族和別部族互相戰爭的事情了。他們的作戰，想來一定很拙笨；他們決不是一齊地射箭，一齊地擲槍。

然而到了後代，便發見了更好的殺人方法。戰場上的兵士作一齊行動了，於是殺人的效果，便增高了兩三倍。埃及人曾為了抵禦從阿剌伯北部侵入進來的軍隊而操練兵士。

埃及兵士的行軍。

埃及的王，大部分喜歡和平，不願和外國作戰。保持和平這件事，在埃及的地位說來，實在是很有利的。在和平時代的人們，常常研究改良生活的方法。但是有幾個王，卻喜歡有大隊的兵士，而且和阿剌伯附近的軍隊作戰。埃及人有時戰勝，有時失敗。

這裏有一張埃及兵士排隊行軍的圖，這說明即是這樣的古代，也有喇叭般的樂器，用作激勵出戰的軍人。掛在兵士肩上的，是一面柄是防敵用的保護物，而且他們手裏拿着槍和裝着銳利金屬鋒刃的戰斧。

在作戰時，已知使用馬了。有時，人是騎在馬背上用槍的，有時坐着戰爭用的馬車，由披掛了的馬拉着，向戰場出去。

兵士裏面生命最危險的，要算射手了。他們拿了長弓到戰場上去，把裝着金屬尖的箭，射入敵人的身體。

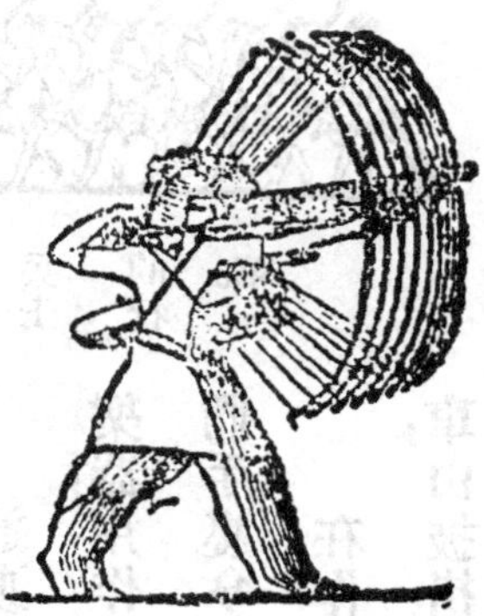

等待口令的射手。

一六 亞敍利亞的戰事

巴比倫是不能永遠地保持着自由的。兩河流域的西北部，有一個名叫亞敍的都市。那邊的人，是和住在相離幾百里的希伯來人往來的。都市的代表神，也叫亞敍。是都市建立之後，方纔有這樣的神名字呢，還是因爲有這樣名字的神，才有這樣名字的都市，這可不很明白。

那塊地方，後來便叫做亞細利亞，或亞敍利亞。（亞敍利亞，無非是有亞敍市的國家的意義。）

亞敍利亞的王們，覺得祇支配兩河流域的一半地方，似乎還不夠，他們希望得到全部地方。他們爲要得到別部分土地，所以對東西橫亘着的巴比倫挑戰，而這一次戰勝的結果，就使巴比倫成爲他們的一部分。

有頗稀奇的事情，亞敍利亞人，竟把巴比倫的神，當做自己的神了。這些神裏，有一個名叫馬杜克，有時還叫白兒。而因戰爭上失敗的緣故，所以覺得馬爾大克國沒有同亞敍利亞國這般偉大。

亞敍利亞國王們所遺下來的文件中，常有對亞敍神的祈禱文。某王是這樣祈禱着：

「亞敍的皇帝，是使敵人慴服，使他們來吻自己的脚。」

亞敍利亞人正在猛攻堡壘，兩三個守城兵從牆上跌下來。兩個助手正想在牆上掘穿一個洞。亞敍利亞人蓄長髯，在兩河流域禿頭是不通行的。

別的王也有和這差不多的祈禱：

「亞敍王的偉大威嚴，使別地方的人們，來屈服在我的脚下。」

最有名的一個亞敍利亞王名叫提革拉毗色。他命令別人，把下面這幾句話，寫在黏土板上。

「給我權和力，而使我偉大的亞敍神和別的偉大神們，曾經說過，要使我的國土，更加擴大。而且神們給我有力的武器，所以我能夠打倒別的王們，別的都市和亞敍的仇敵。」

提革拉毗色王已是鄰近各國所震懼的了。他又作悽慘的戰爭，來誇示他的威武。在亞敍利亞和地中海之間的有赫悌這樣一個民族，提革拉毗色曾去征伐他們，關於這事他曾經說過這樣的話：

「把敵人的尸體，蓋滿了山頭和岡嶺。我奪取了他們所有的一切。殘敗的兵士，——約六千人，都使他們屈服而一起帶到本國來。」

這個王，把別次戰爭的情況，像下面這般記載着：

「我的主亞敍神把我送到不承認我支配的遠處王國，我超越二十六個山頭而進軍，還渡過大河。二十三個王和我作戰，我打破了他們的軍隊屍首積得許多都市的城牆，被我像稻草般地打倒。他的寶貝我奪來了。他的村莊，用火燒掉。我答應了王者們的請求，使他們在我偉大的神前立誓，赦免了他們的死。」

一七 巴比倫的俘虜

我們再講一點兩河流域的故事吧！南部地方（巴比倫）的人們，雖被人征服了，但總不肯就安然被屈服，而想從亞敍利亞的壓迫中獲得解放，於是便屢屢向亞敍利亞作戰。巴比倫大都市雖受了水攻火攻，仍是不斷地反抗着。

終於亞敍利亞完全被打敗，而巴比倫城重新建設起來了，這個新都市，非常美麗清潔。城牆是高高的，而且上面畫着牡牛、獅子和其他動物的大彩色畫。有一個尼布甲尼撒，叫人在王宮的空場上築起小山來。用瓦片堆得高高成功山的形狀，上面再遮些泥土。還在山腹上造一條石階，種着高大的樹木和各種花草。還有人造山的園，常常被稱爲巴比倫天國之園。然而現在已經完全荒廢了。

尼布甲尼撒王的軍隊，和別國軍隊作戰，兩河流域畫家們所畫的戰場情形。

王已經有了非常大的勢力。有一次，遣派一隊兵士到猶太人的小王國去，把耶路撒冷市燒毀，而且把很多很多的人當做俘虜，帶回巴比倫。這些是猶太人被禁閉在巴比倫有好多年。他們雖不願意留在那面，但這照從另一方面看來實在是好的：他們因此學會了種種事情，受了文明的薰陶，

猶太人，大概一步也不許離開巴比倫。他們也許要同從前十部族這般滅亡了。但是他們的運氣眞好，住在亞細亞就是兩大河流域的東方的一個王，他要擴張自己的勢力了。這個王名叫凱洛司，是統治波斯民族的。他的軍隊，後來向這方面來求領土了。而且進攻巴比倫，占領這都市。於是猶太人就被解放，而回到自己國裏去。此後波斯人便支配兩河流域的全部土地。

猶太人又在巴勒士坦過活了。俘虜生活已經過去，他們是幸福了。

一八 埃及人和地下的世界

一說起埃及，我們一定聯想到金字塔。我們也時常看見尼羅河旁大建築物的圖畫。這種金字塔，是爲了要永遠保存埃及王已成木乃伊的肉體，而建造的墳墓。

埃及最初的帝王們，祇不過在他的墓地上堆一些泥土或石塊。但是後來所造的金字塔，決不是那些東西。這是幾千名人夫，做了好多年工纔造成的。而這種的建築，實在和人還活着時便叫人做起棺木來，是同樣的。

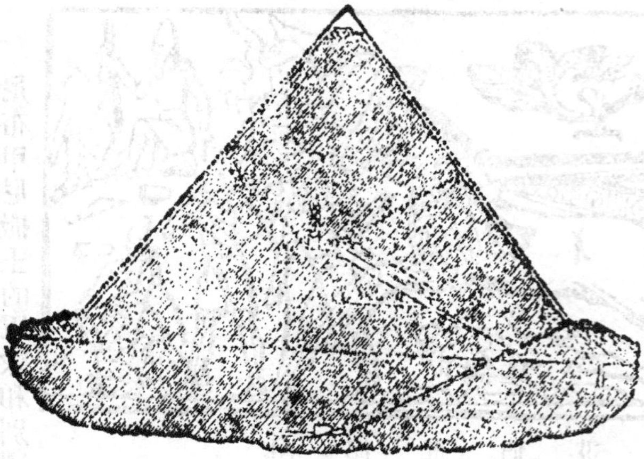

大金字塔的內部。

最大的金字塔，是恭甫王時代造的，這個就叫做大金字塔。牠的圖像，你們大概常常看見的吧！

牠有四百五十一呎高，簡直超過了華盛頓國會議事廳的穹窿。牠的地盤有十三英畝廣。

也許你們已經看見過大金字塔內部的圖，有長的隧道通到幾間房裏去，有一間是恭甫王葬在那裏的。別的房間，做什麼用呢？這是不明白的。因爲從前有人走到房間裏去，把裏面的東西拿完了，所以連科學者也無法研究了。但是有一間稱做皇后房，這裏面藏着皇后的木乃伊。

一九 寺院和僧侶

埃及的村莊和都市裏，都各供養人們祈求的特種神；寺院是爲了祭神而建造的，獻神的物品，就送到那裏去。還有僧侶在寺院裏照料的一切事情，無論關於別處神的，無論關於自己村莊裏的神的，無論那種事情，無論那種神祕，他們卻能夠講得清清楚楚。

埃及的僧侶，還能夠以空想的知識，在社會上獲得一種大勢力。他們又保有豐富的財物。有一時期，這些僧侶，竟占有埃及四分之一的土地呢。

二〇 埃及的木乃伊和獅身人面像

埃及的僧侶，在木乃伊上澆油。右邊這個人拿着一束紙，大概是記載祈禱文句的。

埃及人知道怎樣處理屍體，使他不致於腐敗的方法。這方法有好多種。

在貴族和帝王們中間，常應用的一種方法，是先從屍體裏取出臟腑，取出的臟腑，用麻布包起來，或藏到甕裏去；再把剩下的屍體，塗上了油，撒些香料。我們對於這樣處理的屍體，便叫做「木乃伊」。

有許多地方，埃及的帝王們，建造了許多石像。這種石像，就是獅子身體，藏着人頭，或羊頭鷹頭，形式很好看的彫像。牠的身體，是表示國王權威的；凡具人的面貌的，無非是建造這座石像的帝王的容貌。

這裏所附的，是最有名的石像，呼做大獅身人面像。這像上鼻子的大部分，在建造以來幾千年裏風化掉了。大獅身人面像，雖沒有像金字塔那樣大，但已經不小了。牠的頭，有十四呎這麼大，如果張開牠的口來，那末可以毫不費力地把整個人吞下去。

這大石像，可以相信是因爲要守護藏着加發王的木乃伊的金字塔而建造的。牠臉雖像王的容貌，大概又想表示某種神的面貌。

埃及的大獅身人面像。

三　古代埃及的神

埃及的僧侶們說：天是從名叫哈梭的女神身體裏出來的。他們中，有些人說女神是美貌的婦人；有些人說是牡牛。

埃及人還禮拜名叫「拉」的太陽神。他們想來這個神每天乘了小舟，橫穿過天空而旅行。而「夜」據說是這隻小舟，從西到東在埃及的地下駛行」。

還有一個尼羅河畔的人們所禮拜的偉大的神，就是復活神奧西利斯。在三四千年前的埃及，關於這個神，有這樣的一個故事流傳着。

奧西利斯

奧西利斯，是從前全國的王。他是賢良的支配者，是對人民正直的人，他的忠實的妻子伊西斯幫助他。但是他有一個名叫水脫的惡兄弟，那是黑暗之神，這是某一天的事情，他把奧西利斯弄到陷穽裏殺死，再把他的屍體輒斷，並又斬成為碎片。

伊西斯尋見了這些斬碎的肉片，把他整理一番在行葬式了。宇宙的某神忽從天上降下來幫助她，奧西利斯復活了！但奧西利斯不願再在這地上過日子，他留着地下的世界，做那邊的王去了。

水脫

三　最初的曆

我們想來石器時代的人，不知道計算日數，這是很明顯的。在他們想來，除雨日、寒日、熱日這種分別外，當然今日和昨日是同樣的日子。

然而因時代的進展，人們已經知每隔二十九日或三十日，月亮便成正圓。（嚴密說來，是在二十九日半的時候）大概牧羊人最先知道這種事實。夜裏，一面看管羊羣，一面觀測月亮的變化，他們真有了詩的環境。

古代埃及人，知道尼羅河的洪水期，要經過十二回月圓。

他們大概是這樣說：

「把尼羅河兩次洪水間的日子，叫做一年。一年有十二個區分（月）」

然而這裏有一樁困難，也就是陰曆的不便處。陰曆十二個月，是三百五十四天多些，然而真的一年，卻比他長十一又四分之一日。所以埃及人每月作三十日，十二倍還祇有三百六十日，再把剩下的五天，定做節日。這樣的曆，一年合成三百六十五日，對於剩餘的四分之一日，他們不再在意。六千年前，埃及人已經用一年三百六十五日的曆了。

二三　最初的時鐘

太陽是地球上最古的時鐘，那是不用說的：太陽在東方上昇，便知道一天開始了；太陽在西方下降，便是一天完了。

太陽下面的影子會發生長短，最初時代的人們，當然也知道的。但直到石器時代快過完以前，還不知道用簡單的方法來測知時間，人們區別時間單靠着看日光下樹木的影子。上午，樹影漸漸地縮短；到了中午，幾乎沒有影子了；午後便又移到樹的另一面漸漸伸長，而直到日落。

石器時代具有靈敏眼光的人，當然留意到這等事實了。但是在埃及文明全盛以前，大概還不知製造計時器吧。在這本書裏畫着的，可信是最古的計時器。這就是一具日晷，就是三千四百年前，埃及人計時用的時鐘。

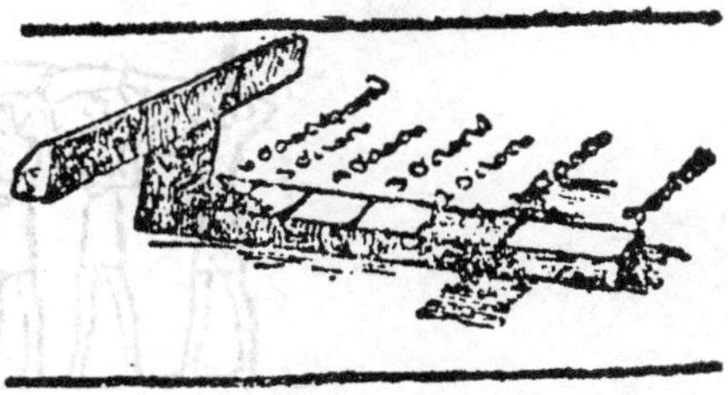

古代埃及人的日晷。埃及人把一天分作二十四小時。

這種時鐘是怎樣製造的呢！

先製成在圖中左方的十字架形的東西，把牠放在對着太陽上昇的東方。朝日便投影在一條有六時間區分的木片頭上。越遲，影子便越移到靠近十字架形的刻度上來。到了正午因爲太陽在製成十字架形的木架的頂上，有刻度的木片上便沒有影子了。

刻度的距離不同，這是可以注意的。那是因爲影子的移動，是逐漸逐漸慢下去而到中午的。

到了中午，便把這日晷掉頭，對着西方。於是太陽便從製成十字架形的木架，慢慢地拉一條長影，直到日沒。影的移動，卻和午前相反，是逐漸快起來的。這種日晷，埃及人用以知道午飯時間。

二四　埃及的滑稽畫

僕役們從宴會上把主人搬回去。

由埃及人遺留下來的幾百種圖畫內，還有幾張像滑稽的圖畫。好像埃及人祇為了引人發笑而描這種畫的。

某一張喜劇的畫是畫着獅子、驢子、鱷魚、猩猩等，拿着樂器高唱樂歌，恰恰像在開遊藝會這般的。此外還有老鼠王坐了戰車的畫。戰車用狗拉着，老鼠王正在想攻下貓兵擠滿的堡壘。

附在這本書裏的，有一張埃及的滑稽畫。畫着五個用人，在搬運醺醺大醉的兩個主人。畫的人想表現主人們的滑稽樣子，但是，這張畫呢，倒反使人有惡感的了。

四 商業社會和奴隸社會

一 腓尼基人的經商

和兩河流域相連的，有腓尼基這樣一個小國。這地方的人，是有名的勇敢的航海者。他們駕船到遠方，在大的地中海各地巡行。在三四百年間，他們是世界上獨一無二的航海者。

腓尼基的航海者，傳播文明到他們所到的一切都市。這國裏的人，已經從埃及和兩河流域，學得了種種事情，因此，他們對於和自己通商的國民，已成爲文明的傳送者了。

當時的腓尼基人，拿着什麼貨品去出售呢？就是呢大衣，植物性裝瓶香水，青磁盤，象牙製的櫛，青銅或金銀製的有象眼般大的淺碟，用一種從貝類裏取出來的染料，染成深紅色的漂亮外套等。那末腓尼基人把這些東西換些什麼回來呢？他們從北非洲換得象牙、駝鳥毛、金子等；從現在叫做西班牙這地方，換得銀、鐵、鉛、銅等；香料和寶石，是從遠路通商的印度那裏拿回來的。

腓尼基人曾在島上和海濱，建造了許多都市。有一個村落，就是北非洲的迦太基。這個迦太基，後來便成爲強大的都市；羅馬人征服地中海沿岸各地時，迦太基市就是最頑抗的一處。

二　希臘的商品

希臘時代，做費力的勞苦工作的，祇是三種人：奴隸，外國人，貧苦的自由人。

希臘有多少奴隸呢？雖然沒有記錄，不能知道大概總和一切階級的總數差不多吧！奴隸中的大部分，都去種作田地；也有去做都市裏的工作的。奴隸們被雇建築公共房屋時，他們也得到和別的勞動者同樣的工錢。——一天三個奧僕兒到六個奧僕兒，照現在的金價合起來是九仙令到十九仙令。

雅典市上，因商店和工場的種類，而劃分作許多街。像某一條街上，都是磁器工場；某一條街上都是草鞋工場；又某一條街上是打鐵工場。

希臘的打鐵店

希臘人的花瓶和水瓢做得非常之好，差不多都是黏土製造的。牠的形式非常優美。希臘有些很好的藝術家，為了畫瓶上的圖，費去一部分的生涯。這些圖上所畫的是希臘人實際的生活情形。這裏的一張插圖，就是從這些希臘花瓶上採取來的。

古代希臘人所造的容器。

三 希臘的貨幣

希臘人，大概從小亞細亞來的旅客們那裏學會了使用錢幣的方法。最早鑄造貨幣用的金屬就是鐵。在斯巴達有好多年代，都是用鐵錢的。然而別的都市，覺得鐵錢攜帶很不方便，他們便用銅，銀和金子，來代替鐵鑄造貨幣了。

有些銀幣，含着現在值四十四仙令至六十六仙令那樣分量的銀子。當然那時的一枚銀幣，可以購買許多東西，銀子在當時還是難得的物品。

希臘人使用的銀幣。

金幣的種類，那時有黃白兩種。這種金幣，含着值現在美金五元八十仙令的黃金。在普通的希臘人，有了一個金幣，幾乎同有了一份小小的財產一樣呢；

那種貨幣，爲什麼要印上一些標記呢？這是要使大家相信貨幣的價值而印的。各都市都有各都市的貨幣。貨幣上的標記，就是表示下面這樣意義的：

「保證這貨幣不是假的，而且貨幣裏所含有的金屬，是和他的價值相適合的。」

貨幣起初被鑄成各種形狀，但圓形最普通。把金屬融解了，澆入圓形的鑄型內，到祇有一面冷了的時候，便做標記；把某種花敲上去。起初祇有一面加標記，後來兩面都加了。希臘人是兩面都加同樣花紋的。

四　羅馬的商業

在羅馬時代富裕階級的婦女，也可以到街上去買什麼化粧品和合意的美麗衣服。扇子有用孔雀毛做起來的；這種扇和金銀製的耳環，象牙彫的球等，都雜放在陳列櫃上的貨物中。而且有各種小商店，排列在比普通更狹的小巷兩側，賣買就在這些店裏舉行了。這種店，稱牠為店，倒還是叫牠小屋來得適當。

當時擔任店員的，一部分是受了想賺錢的主人命令的奴隸。此外，就是自己經營商業的「自由人」了。當時還有些自由人，祇為了想儲積生活必須以上的金錢，而把製造的種種貨品出售。

羅馬時代的麪包店。

在某種記錄上，說羅馬一時有二百五十四間麪包店。這裏的圖，是麪包店的樣子。一個人在買一個硬硬麪包，那時的麪包，是何等奇形怪狀啊！當然，在羅馬人看來，並不覺得牠是奇形怪狀；他們倒反覺得我們現在的麪包是奇形怪狀呢！

五　邦貝依的市場

邦貝依的種種事情，都是模仿羅馬的。羅馬有夫剌姆市場，邦貝依也有一個。無論羅馬，無論邦貝依，都是把市場作爲賣買貨物的地方，同時又當做公開的議場。

邦貝依的市場

在邦貝依的廢墟中，有描寫市場情況的圖畫。這書裏所附的，就是這些裏面的一張略圖。

圖中的左方，有一個人坐在圓背的椅子上，他是商人，他面前放着貨物。他正在和兩個顧客談話。地上有泥罈似的東西。桌上的是什麽東西，那是不明白了！

圖的右方，有許多人坐在長凳上。一個婦人抱着孩子。這些人所穿的服裝，看了都很有興味。男人穿的外套，幾乎和女人的衣服一樣。騎在馬背上的彫像，是表現羅馬皇帝的侍臣的。

在邦貝依所發見的別張圖畫，有描寫布商人，麪包店，酒店，打銅店等。

六 劍的價值

「一把劍和鞘值七匹牛」

在法蘭克族掌握高盧支配權時代，這樣的交易是通行的。為了一把劍和鞘，要償付這麼多的貨品作代價，現在總覺得奇怪吧！為什麼這樣昂貴的呢？據說當時法蘭克族中鐵是很難得的。楯和槍的價值，雖然沒有同劍這樣高，但是如果拿着楯和槍，就可換得兩頭牛。楯，那時普通是用堅固的木材製造的，有時正中央稍許用一點鐵。槍，就是輕便的短槍，衹尖頭上用一點鐵。

七　羅馬時代的奴隸

當初期羅馬時代，到意大利行人稀少的路上去走，是很危險的，有時一隊奴隸商人，在路上突然出現，便被他們捉去再也不能逃走了。有好幾千的男人女人和孩子，都是這樣被捕而賣作奴隸的。

這時還有一種，是為了借款所累而做奴隸的。自由人有時負了無論如何還不清的債，便賣做奴隸了。

還有，在戰爭時，羅馬人把幾千俘虜捉了來，使他們做奴隸。都會中富裕的家庭，都有許多奴隸。主人對於奴

描寫拿着草耙的羅馬農業勞動者的揷畫。左邊有泥鏟和割草的鉤刀。

隸，要殺也可殺的，只是因爲價格很貴，所以還不大去殺他。至於打咧，踢咧，這些事情，那就極平常了。

羅馬有幾個賣買奴隸的市場，不幸而做俘虜的人，常常被帶到那邊去拍賣。他們中也有和出賣獸類那樣，被死拉活扯地拖了去的。

但是過着最苦生活的，還要算在農田中工作的奴隸。從太陽出來，直到下山——或是還要遲些。——他們在耕種田地，採摘葡萄和橄欖，照顧家畜，料理米穀。

八 戶外的奴隸

現在有許多人在喫燕麥粉。在羅馬時代，意大利各地都有野生的燕麥。羅馬人起初還以爲是野草，看了意大利北部的野蠻人常常喫這些燕麥，非常奇怪。後來燕麥粉也同馬鈴薯和米一樣，是羅馬人食桌上必不可缺的東西了。

當時喫的主要穀物，是小麥和大麥。後來連蕪菁、蘿蔔、蠶荳、豌荳、大蒜等，也都種起來喫了。葡萄、蘋菓、梨、無花果等，都是主要的果品。

大農場的主人，並不光是喫這些一切東西而生活的。他們喜歡到羅馬或近海地方的某處地方去過日子。對於農場呢，祇偶然去看看，這無非爲了察看奴隸們是否好好地做每天的工作。

因爲要使他們不能逃走，所以奴隸們到野外去作工時，脚上要帶一副鐵鐐。

奴隸每月各自領得少最的糧食，他們便把牠磨成粉，使女奴隸去燒。主人一聽到奴隸夥伴裏爭鬧便非常開心。因爲他們想來，夥伴裏一爭鬧，便不會齊心協力來對付自己了。

最大的農場，地下造一所監獄。凡是認爲帶危險的奴隸，夜裏便關在那裏。那個監獄裏，雖然也有一個探光的窗，但非常狹小，而且開在人站在地面碰不到的高處。

就奴隸們的地位講，除主人以外，還有一種可厭的人，這就是監督人或察看者。他們比別個奴隸地位略略高些。驅使別個奴隸們，去做最費力的工作。而且常常鞭打他們。他爲了想從奴隸境遇裏解放出來，所以一味迎合主人的心意。

九 家庭奴隸

普通的羅馬家庭裏，都有幾百個奴隸。大部分是服事的使用人。他們做家庭裏一切雜務，家族們安逸地過生活了。

羅馬人相信奴隸是沒有靈魂的。他們被一般的主人，同下等動物似地處理。他們如果要想逃走，便把燒紅的鐵，在臉上打印，這便成爲終生不消的烙印了。

有些主人非常殘酷，不許奴隸用人的名字。據說：奴隸如果敲碎一個花瓶，他便要受非常凶惡的

羅馬時代的洗濯場。

責罵，甚至於有把他丟到池子裏去的。

但是其中也有對奴隷不十分凶的主人。也有解放為自己操作的男女奴隷的人。但在普通的情況中，奴隷總是永遠地工作下去的。

你們如果能夠去看一看大的羅馬家庭，那末你們當然在那邊發見了做裁縫的奴隷和做木匠、鞋匠、泥水、洗濯匠等奴隷。在這張古畫上，畫着在刷掛在竹竿上的衣服的人。還有一個人是把像籠般的一個東西搬到屋裏來，這個籠，是攤放被硫黃蒸氣漂白了的毛織品的。還有一個女奴隷是在對洗濯的奴隷頭誇示自己工作的進步。

一〇　字母的變遷

每個字母，含着什麼意思呢。這要想知道，實在不是容易的事。如果有人從火星上降到這地面來，大概看得懂鳥和獸的圖畫，然而看了A或B這樣的文字，他將怎樣想呢？一定要驚呆了吧！我們如果不是向來用慣，也要同樣地驚呆了。

你們大概已經明白埃及的字母了。人們是用畫來代替文字，用畫來表示音的。例如獅子的圖，就

常做英文L音的符號，

但圖像符號的寫法，後來又有變化了。腓尼基人和希伯來人，從埃及人那裏學習了許多事情；大概這種寫法的字母，也學了去。但是他們把這些字母大大地改變了一下。

你們要知道字母上的變化，請看上面這張圖。左邊的字母，是二千五百年前腓尼基人用的。別的是後來被希臘人羅馬人逐漸改變了的。腓尼基人寫字，是從右到左的。所以希臘人在最初的時候，也是這般寫。後來改變了，同我們現在寫英文，這般從左寫到右。這也是字體逐漸變成簡單的理由。

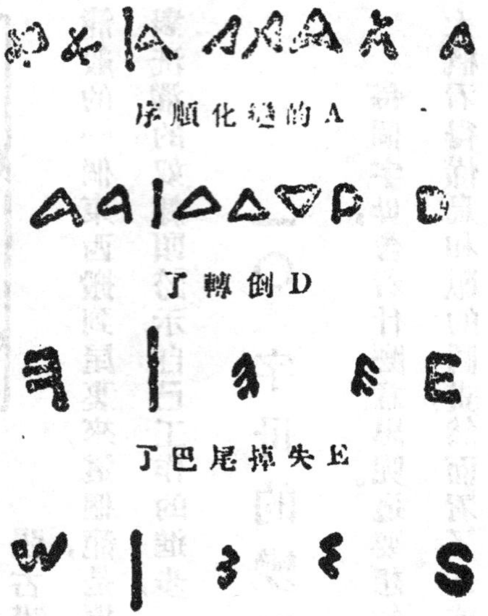
A的變化順序
D倒轉了
E失掉尾巴了
S起初像W
字母的變遷

現在所用的英文字母，大部分都不能使我們想出牠原來的圖像。即使有，也是很少數。M和O實是例外，M是水的圖，就是由水的形狀而製成的字。「Mim」就是古代希伯來人用的水字。O在一直從前初次被用時，是作為眼字的。牠依然是眼形的字母。而且「字母」Alphabet這個字，是怎樣起的呢？這是從希臘字母的起首兩個字，就是Alpha加beta（A加B）而成功的。

一 雅典市的支配權

希臘最大的都市是雅典。雅典若沒有雅典，那末希臘歷史上有價值的東西，大部分不存在了。

雅典的起原遠在三千年以前。住在雅典的人們雖喜歡近海，但不喜歡住在海岸上。他們的市，在離海岸四哩半光景的地方。

雅典市人民的半數是奴隸。奴隸擔任市中辛苦的事務，不許他們顧問政治。

雅典還有多少外國人。大部分是從小亞細亞和埃及來的掮客和商人們。這些外國人，在待遇方面，雖然比奴隸們好些，但總不能和「自由民」平等。自由民是支配雅典市的雅典人。

二 羅馬王制的廢止

最初的羅馬王，大概不是由父王傳給他的。通常都是由投票選舉的。這種投票，平常總由貴族階級的長老們去舉行。

一就王位，便可終生做去。他可以任意打人殺人。他的侍衛中，有幾個捧着幾束木棍，在他的旁邊往來。還有一柄斧頭，夾在這些木棍裏面。這些木棍，表示王有鞭打市民的權力；那柄斧頭，表示王有殺戮市民的權力。

住在羅馬和其附近的部族，叫做拉丁族。現在歐美許多學校裏在學習的拉丁語，就是他們說的話。拉丁語裏的 Senekes 是「老人」的意義，後來變成了羅馬的「元老院議員」和「Senat」，有「一位老人」的意義。

除國王握有支配權外，元老院議員簡直一些權力也沒有。這些老人們齊集攏來聽王宣告要政。王如提出某個問題，他們便回答，而且有些時候連發言權都沒有呢！

然而過了一時，羅馬人像也覺得把終生支配權，送給一個人，是不妥當的。他們便聯合起來，把王從都市裏趕去了。此後羅馬是受兩個執政官和元老院議員的統治了。執政官的任期普通祇有一年。

三　羅馬的兵士

羅馬市對於戰爭素來非常注意。兵士編成軍隊，軍隊和別個都市作戰。

一個都市一被攻下，那定要遭搶劫了。但是從這時候起，已經想到：若把俘虜殺掉，倒不如讓他活的留着，更有利益。把一個人殺掉了，什麼用處也沒有；倘若讓他活着，就可以當做奴隸用。兵士們還把女子和孩子也像男人般擄了來作奴隸。貴族們要得到男女僕役，大都採用這種方法。

帶盾持矛的羅馬步兵。請看草鞋和刺刀。

將軍們大戰勝利後，他就把自己的軍隊，排成大大的隊伍，回到羅馬來這種隊伍，就是凱旋式。鐵鍊緊着的俘虜，在排在街道兩邊的許多觀客面前牽着經過，從攻破的那個市裏拾得的寶物，載了許多車，和隊伍一起拉着走。

羅馬的騎兵從這地到那地的長途旅程中，騎兵好像比步兵快樂許多。

當這樣的時候將軍駕了四馬的戰車，坐在象牙的玉座上。他穿着紫色的外套，臂鎧上套着一個手鐲，臉上塗了紅的彩色，——這種彩色，平常是塗在羅馬神像臉上的。

一四 象車

羅馬人最苦戰的，是住在南意大利和細細利的希臘人。和當時叫做他倫他姆的都市作戰。

希臘的將軍是靈妙的指揮者，在戰爭時，利用象隊來嚇退敵人。羅馬人從來沒有和象開戰過，他們嚇得逃走了。

然而下一回的戰爭，羅馬便想出能夠防備這樣大動物的方法了。他們在許多戰車上縛了木棍，木棍頭上，又縛了一束浸過松香的蔴皮。他們想：蔴皮和松香著了火，放出惡臭，可以把象趕走。然而不幸這計劃毫不中用處，希臘人派射手乘在象背上了。在戰車中的羅馬人，在攻擊對手以前，已早被射中了。

載了射手和投槍兵的象車。

兩年之後，羅馬人又和這個敵人作戰了。

這回已能用驅逐象隊的更好方法了。他們箭頭的金屬是燒熱的。熱箭如雨般射去，大動物便逃走了。希臘人終究喫了大敗仗。遺留在意大利的希臘人變成羅馬的臣民了。

一五　亞力山大大帝

希臘的北方，有一個市叫馬其頓。他的住民是和希臘同族的。但牠的文化程度極低，向來不歸在文化希臘的範圍內。後來馬其頓出了一個王，名叫非力布。他築了他的天才，把希臘的北部，都占據去了。後來又征服了希臘南部的好多地方。雖然不久被人刺死，但他兒子亞力山大終究把他的事業完成了。

亞力山大於父王死後，就卽王位了。那時他有一個異母的弟弟和堂兄弟，大約是由這王子的命令而殺死的（怕他們奪自己的王位）。

亞力山大即王位後，不多時便統治了希臘的大部分。他征服了底比斯大都市，並且把牠燒燬。此後調集軍隊，向東方進發了。這種軍隊裏面，也混着幾千希臘人。

波斯那時還在小亞細亞方面擴張勢力，他已統治巴比倫和底格里斯河附近的各都市，青年的王，便到處進兵，要想征服他作爲自己所有。他征服了腓尼基和巴勒士坦，後來又攻破了埃及。有一部分埃及人因爲不願受波斯人的支配，對於他的進攻，倒反歡迎的。亞力山大在埃及北部海岸建立了一個新城市，這就叫做亞力山大利亞，後來成爲偉大而重要的都市。

一六　亞力山大的死

亞力山大征服了埃及之後，回到波斯，更整頓隊伍，向印度出發了。但印度是亞力山大都不敢遠行這般大的國家。他僅留一部分軍隊在那邊，自己回去了。他和軍隊，從印度回來，向波斯進發，沿途也發生了好多次的戰事。亞力山大的旅行，好像總要踏着血路走的。他用血和淚的代價去換得權力和榮譽。一走到波斯，這個將軍立刻走進把他作國王看待的巴比倫市了。他還打算到南方去作一次小旅行，在出發之前，用兩日兩夜的酒宴的來送行。因此他就染了熱病，臥在牀上。十天之後，他連話也不會說了。兵士們向他告別，但他祇望着他們，連道別的話也說不出，終於死了。那時他祇有三十三歲。他

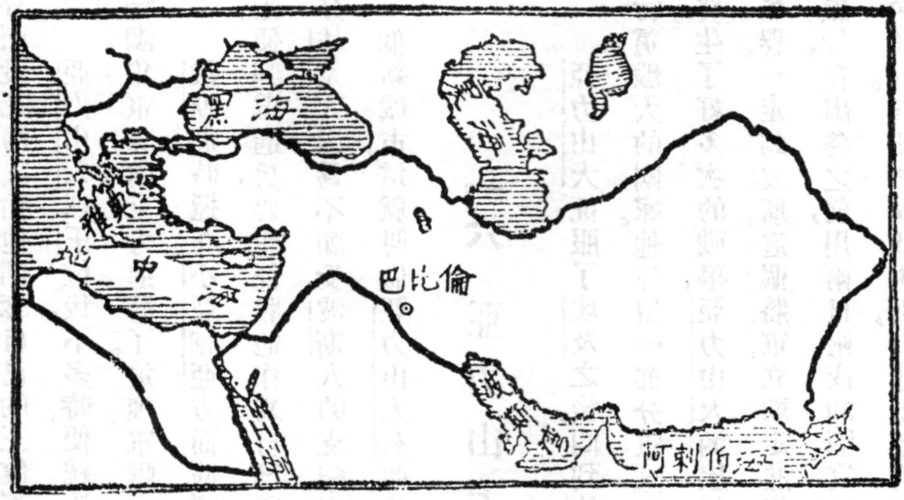

亞力山大的帝國

常被稱爲亞力山大大帝他實在是一個戰爭的良好指導者，但誰能夠說他是眞的偉大呢！流血的事件，難道能夠獲得有光輝的榮譽嗎？

一七 野蠻人的侵入

基督誕生前，正是羅馬勢力達到全盛的時候，北方民族，已經要侵入意大利了。這種民族，就是辛勃利族和邱脫內族。他們是從北部歐洲來的，還過着野蠻的生活

辛勃利族和邱脫內族，都想在南方尋得一塊居住更適意的地方。他們把一切財產，載在粗笨的貨車上，向南方來旅行了。羅馬人非常驚異，便派出軍隊去抵禦他們。這些爲了求好地方而來的，統被打敗了，有幾千人被殺掉了。其餘的都做了俘虜。

幾年之後，徐利斯凱撒向高盧方面進兵了。這就是現在叫做法蘭西的地方。高盧部族，從前已經有一部分

被羅馬人征服，現在凱撒又把殘留的征服了。

凱撒更向北方舉行遠征。卻逢到了住在萊因河對岸的強橫部族。這些部族，後來就成爲印呑族，卽日耳曼族。他們含着辛勃利族和邱脫內族的血脈。凱撒雖有時戰勝，但總不能征服他們。

此後二百年左右中間，這種日耳曼族和羅馬人曾有兩三回戰爭；但是這種糾紛之後，兩氏族間的往還便發生了，羅馬商人到日耳曼部族中去賣貨物；有時日耳曼人在意大利被招募而加入羅馬的軍隊裏，他們都是很強的兵士。

一八　俄特族的南移

日耳曼族裏，最重要的有俄特人，法蘭克人，撒克遜及盎格魯人。俄特人因某種緣由向南方移居了。大概是被同作的北方部族所驅逐的。總之，他們要到羅馬國境裏來求可居住的土地。羅馬人因爲不願給他們土地，想驅逐他們。有時，羅馬人和他們作一種假的約定，把他們引誘到某地方，把他們殺死；有時，作持久的戰爭。

拏楯和棍棒的日耳曼戰士。

俄特人已經知道對抗羅馬軍隊的方法了。有時連戰爭上也獲到勝利。有幾個部族，向南方進行，攻入希臘了。其他部族再向前進而攻入意大利了，最後，羅馬被征服，都市的一部分被燒燬了。俄特人便自己做了意大利的大部分和希臘的支配者。後來別種日耳曼族倫巴底人征服了意大利的剩餘部分。

日耳曼人在侵入希臘及意大利之前，他們裏面已經有些變爲基督教的信徒了。牧師們走到他們那裏去，說不可祈求篤亞神和僕台神，應該祈禱基督。就是不改教的人，移住到南方的基督教區域之後，不久，也皈依基督了。

日耳曼人雖戰勝了希臘和意大利；但我們不要以爲這等地方的人們，都被他們殺死了，那是决沒有的事。他們不過因爲戰勝利了，便可以參加到本地人中間，在那裏共同過活。許多的俄特人和希臘人結婚；同時意大利的本地人，還同倫巴底人和別種日耳曼人結婚。而且有些羅馬習慣，日耳曼人也依舊通用的。

在後面要講這種日耳曼部族如何侵入不列顛和高盧了。南部歐洲，這時已在各種民族支配之下。他們並不會把原來的粗野習性文明化了。這書的以後的大部分，是想講述歐洲再達到文明的遲緩的進程，這就是從羅馬人學習的人們，已達到羅馬以上的時代了。

一九　法蘭克族的占領高盧

「提防法蘭克人呀！」高盧地方的羅馬將軍們，在千七百年以前，大概常常這樣叫的。

法蘭克人，是強橫的日耳曼部族的一部分。他們在萊因河邊住得好久了。羅馬人自己安心住着，並不留意到不久會有某種事情要起來的。

高盧地方差不多沒有守備隊。羅馬因爲和俄特族和倫巴底族作戰，把軍隊召回意大利了。法蘭克人心想，這時好機會來了。他們便擴張到南方西方，獲得了高盧全部的支配權。

法蘭克人，不久好像被稱爲短法蘭克人了。而且高盧地方，好像被稱法蘭克倫特了。被稱爲法蘭西，那是還要遲的事情。法蘭西的主要貨幣現在還叫法蘭克——我國譯作法郎——就是這個緣故。

這種法蘭克人，也和別種日耳曼部族一樣，移住在那邊一帶，就不走了。他們雖愛自己的祖國，但終於留在那邊了。而且逐漸從羅馬的移住者，和高盧人那裏學得各種知識了。

因爲他們都是同族的，所以法蘭克人不擁戴正式的王。他們祇有在戰爭時擔任指揮的「酋長」。他們成爲受王的統治的人，還是在移住到法蘭西以後。

二〇 盎格魯撒克遜人的侵入不列顛

當俄特族侵入意大利的時候，羅馬的支配者，覺得光是自己的力量無論如何不能對付他們，便去召還留在不列顛的羅馬軍隊。這樣一來，無異把不列顛在日耳曼族面前開放了。所以日耳曼人便成羣地侵入進來。

這些「新來者」都是從萊因河北部來的。他們是盎格魯人、朱特人、薩克遜人三種爲主的日耳曼人。不列顛人爲了要驅逐他們而作戰，但日耳曼人已經侵入而居住了。而且不列顛又得了盎格來特一個新名稱，這個名稱後來又變英格蘭了。

盎格魯撒克遜的兵士。

住居新國之後，盎格魯族和撒克遜族，大部分是混血兒了。那些事業是盎格魯族做的呢，還是撒克遜族做的，已經無從區別，因此我們常把兩個族名連在一起。

我們後來便叫他們盎格魯撒克遜族了。

二　北方民族的航海

北方民族是愛海的。他們大部分靠營漁業生活。不久，他們想離開祖國了。載着許多「練習者」的北部人的船，渡海而到遠遠的別地去了。

北部人那時所到的各地，其中有一處名叫冰島。他們喜歡這島。他們裏面有許多人就留住在這島上了。關於北方民族，我們所知道的許多事情，都是由定居在外島上的人們所寫的。

其餘的北部民族，渡過波羅的海，而入俄羅斯了。好久的期間內，俄羅斯的王位，是由挪威瑞典及丹麥去的這些人繼承的。

把大部分時間迻在海裏的北部民族。常被稱爲「威糺克」。這張畫是大略畫他們的船的。

抄錄在這裏的，是古代北部民族極少的遺留下來的記錄。

「北方的英雄們好好地款待着他們。冒着險，帶着許多金子和寶劍。戰事一起他們便開心起來。他們歡躍地把船快速地划駛划槳的皮帶在水沫飛濺中拍拍地發聲。

「他們的船，船頭翹起，而尖端彎屈的。船裏滿裝着拿白柄的戰士。」

這樣的北部民族的船，有一隻在插圖裏。

他們到新地方去，常乘着船去的而且把船橫靠島邊。一等到有好的時機，便去襲擊附近的村莊和都市。有時他們擄回王或貴族來要索贖身金。有時，捉了基督教教會的管理人等也要等到得着很多的贖身金時纔肯釋放。

但是，有一次，有七百隻以上的北部民族的船，去襲擊巴黎。那時巴黎在塞納河中的島上。他們雖去攻擊，因爲不能得手，便用圍城使糧食斷絕的法子，繼續到二年之久。

那時法蘭克的王是査理斯·胖特。北方人這樣圍住巴黎，他的心裏很焦急，「送給你們許多錢是可以的，替我解圍吧！怎樣？」作這樣請求。那些北方人答應了，拿了許多金子，解了巴黎之圍回去了。

三一　美洲最初登陸的白種人

最初在亞美利加海岸上陸的白人，大概是由里夫愛利克遜所領導的北部民族。他們的到亞美利加海濱，是紀元一千年左右的事情。愛利克遜在亞美利加上陸的記錄，是從認爲這事發生的時代起，不久就沒有了，冰島的北部民族，祇是從父親到兒子，再從兒子到他的兒子，用言語傳述來記憶這回事。後來這種言語被用文字寫了傳下來。若把這些記錄仔細地研究一番，那末所謂紀元九百年之前，愛利克遜在亞美利加登岸，是充分可以相信了。

里夫愛利克遜的父親，是勇敢的航海者，就是聞名的愛里克沙來特。他在挪威住得厭了，就離開祖國，移居到別種北部民族住着的冰島上去。這樣經過了幾年之後，他往西方去旅行，達到一個不認識地方的海岸了。還是一個島。愛里克也不仔細地去探看。祇略略望了望陸地，又回到冰島來了。而且他對朋友說：

「我在西方發見了大大的陸地，這是非常美麗的場所，可以叫做格林蘭——綠色之島。難道不好預備了船，到那邊去殖民嗎？」

北部民族，常常喜歡作新的探險。他們一聽到愛里克沙來脫的話，心想他所介紹的地方，一定是居住很宜的場所。預備好二十五隻船離港了。可是到達格林蘭的只有十四隻，另外的船怎樣了呢？我們不明白；一定是遇到狂風暴雨而失踪了吧！

平安地到了格林蘭的人們裏面，有愛里克的兒子里夫。他這時還祇有十五歲。在他看來，航海當然是很有趣的工作。北部民族的船，那時沒有長長的寶蓋，普通是用帆的，槳也同時被使用着。就我們所知道的爲限，所謂最長的船從船頭到船尾，有一百六十呎以上。所以能夠裝載家畜，穀物等以及六七十個人。

里夫直到二十四歲，住在格林蘭的殖民地上。此後他又向挪威出發了。

挪威的王不祈求雷神特兒和風神奧頓，而轉爲基督的信徒了。由古代的記錄上看到，這個王對里夫說：「將來若回到格林蘭去，那末停止向古代北方人的神們祈求，而向基督祈求。」

二三　愛利克送怎樣到亞美利加去

里夫愛利克送向王告別，離去挪威了。他命令船夫，向格林蘭方面航行。某種古代記錄上說：「在紀元一千年時，他們橫穿北海的旅行開始了。」有風的時候，掛帆駛船；無風的時候，他們用槳划船而行。

航行了幾個星期，船遇到颶風，迷失了方向；羅盤針沒有夜裏天空暗黑，在那裏航行呢？船夫們不能淸楚明白了。

和愛利克送同去的人們，在怎樣的海上了呢？這在我們是不明白的。什麼記錄也沒有，據說漂去了幾個月，那是無疑的。而且即使如何頑強的北部民族，浸在寒冷的海水裏，總也受不住吧！

然而終究陸地看見了。這不是格林蘭，是一處陌生地方的海岸，愛利克送站在船舵的左近，命令大家，把船向海岸靠近去。他們因爲離開陸地生活已經好久了，看到的東西，都覺得奇怪，向周圍觀望。但是不論那裏，人影也沒有。祇看見草木繁茂地長着，他們失望了！

在北方人的故事裏有的那些野生的麥和葡萄是看到了。野生的麥，是和玉蜀黍、印度麥非常相像的。其中有些是自然生長，還有些是北部民族還不會看到的人們所種的。

葡萄，像被稱爲羅蘭和紊蘭等地方到處生長着，非常繁盛。

愛利克送在什麼地方上岸的呢？這我們雖不知道，但他們到了北部美洲的海岸，這是明顯的事實。大概這就是在現今的新英格蘭或是諾法斯科細亞。

愛利克送和他的同伴暫時勾留在那邊，後來到紊蘭去，向格林蘭回去了。到了格林蘭，他們對大家講西方陸地的情形。

二四　定居於紊蘭的企圖

愛利克送雖然對友人們講起紊蘭的情形，但他自己不想再到那邊去了。於是有別的北部人，想去完成他的事業。

預備了三隻船，載了二百個男子和少數女子。這船的主人是喀喇夫。他想去把紊蘭當作殖民地。當離開格林蘭的時候，船便衝開北大西洋的波濤向南方進行了。經過了許多日之後，他們到了名叫海兒喇特——有「平扁石之地」的意味——這地的海邊了。這大概是拉布來他吧。

此後，經過了兩天，再到了南方海岸，大概紐芬蘭島這些地方，在那邊過了一冬。

溫和的天氣一到，他們又出發了。而且到了和紊蘭差不多的地方。北部人的記錄中，說他們定居在從一個湖流入大海的一條河的旁邊。但我們不知道這是什麼地方，祗能推想也許是諾法斯科細亞的某河之邊吧！

你們若是喜歡看地圖，那末且在可認爲這等北部民族的進路地方，加一種記號，倒是很有興味的事情！

他們上陸之後，過了兩星期光景，他們看見小舟破浪而來了。這種小舟，是用獸皮製成的，而且滿載了紊蘭的土人。他們是「黑臉、醜髮、大眼、闊顴」的。

這種土人，是印第安人或愛斯開莫人。他們一看見白種人，掉轉船頭逃去了。第二年春，他們又來了。這次還做了一些交易。但是他們看見北部民族帶着牛，喫了一驚逃走了。隔了三星期又來，這回來作戰了。兩個北部人被殺死。但是土人們被趕散了。

這次戰爭之後，想去開闢殖民地的北部人，好像已失去勇氣了。他們要離開自己的小村落，住到別處去。但這也不能十分順利進行。於是他們向格林蘭出發了。經過了三年，他們好容易回到了故鄉。

此後還有別的北部民族到紊蘭去，關於這些人的冒險談，我們毫不知道。亞美利加還不是適合於歐洲人居住的地方。

二五　希臘的拜物教

最初的希臘人，跑在自然的威力之前——雷、電、風、雨、洪水、地震等之前——而禮拜。

「因這些東西的背後，有主掌的神，我們要對他禮拜。」希臘人說的。

因為有這樣的說法，所以他們簡直連泉水、樹木、岩窟、山嶺的精靈都禮拜了。

當時以為樹木是有特殊神聖的性質，有些樹木，以為是某神所受託，非常尊重了。這裏所附一張圖，是一株松樹的一部分。從牠的枝上，掛着黃銅環，被風一吹，聲音很是好聽。在這些環的下面還設着一個祭壇。希臘人就在這祭壇上獻祭品。

這枝松樹，是希臘的最初的廟宇之一。祭壇設在牠的下面。

大的岩窟，因爲裏面神祕地暗黑，所以也被禮拜。又在某岩窟的前面擲骰子，來問事情能否如意。

在這等時候，希臘人覺得神們是怎樣形狀都不明白是不可以的了。彫像把神們的精神，表現在形狀上。他們到底給神們以人的姿態。這是自然的事情。實際這大地上，別的任何動物，有這般尊貴地被創造出來的嗎？而且模仿了一切男女裏最美麗的狀貌來製造神，這又是極自然的事情。

這是描寫大小女神之像被安置於樹木下的樣子。

神們卽是被製造人的狀貌之後，他的住家，還是在山嶺、岩窟、泉水、樹木等地方。主神的住家，在奧林比斯山；別的神們的住家則散在海陸各地的。

男神女神的彫像，常常被放在樹木交枝之下。這因爲使神們免得雨雪的淋壓。有時還把彫像放在樹幹的空洞裏。這大概就是廟宇的起源。後來，在希臘地方，爲了安置神們，大理石的神廟被建造了。

二六　摩西十誡

希伯來人原是游牧的民族，因爲想找得更好的地方，就橫渡地中海向西方去尋覓了。到了埃及，就居住在那邊。埃及人待遇他們非常好，但過了不久，法羅王卻把他們降爲奴隸了。希伯來人過了三百多年的奴隸生活，後來有摩西這樣一個人教他們逃走。

希伯來人聽了摩西的忠告，便逃出埃及，埃及王派遣軍隊去追擊已來不及了。他們出了埃及之後，在森林和荒野中間，徘徊了好多年。他們仍舊把摩西當做自己的指導者。摩西是很端正的人，所以他也要使大家過端正的生活。他不像埃及人這般禮拜許多神，他使大家只禮拜唯一的上帝。

摩西很厭惡希伯來人禮拜偶像。有一天，他看見大家跪在黃金犢的前面，他確實發怒了。據說那時摩西手裏正拿着記錄十誡的兩塊石板，他便在山上對大家說：「這十誡是上帝頒賜的。」但他憤怒希伯來人禮拜偶像，就把這兩塊石板敲破了。

後來把石板修改，大家方纔能讀那種十誡。下面就是第一誡的全文：

「我是宇宙的主，我是你們的神。從埃及地方，帶你們出來；從奴隸的家裏，帶你們出來的。不可在我的面前拜別的神們。不可禮拜用手彫成的，以及模擬天上、地面、水裏、土中的一切東西的形狀的神。你們不可禮拜牠們，你們的神，是爲萬物之主的我，是非常嫉妬的神。凡是憎惡我的，那末先祖的罪，直要罰到三四代後的子子孫孫；凡是愛我的，遵守我命令的，我給他們幸福。」

這種聖誡，嚇了希伯來人。從此以後他們便禮拜上帝了。摩西當大家定居於巴勒士坦之前死去了。

二七 基督的誕生

羅馬常常調查意大利居民的人數，他又爲了收取租稅，也調查自己統治下的外國人數。

希伯來人住的巴勒士坦，也是羅馬人的統治地。那是一個小國，所以那邊卽使有怎樣的事件發生，羅馬人毫不注意。帝王無非是收取租稅金的人罷了。當一千九百年前，巴勒士坦方才開始舉行調查，有幾百個家族，爲了應人口調查而來，要想塡一個名字，囘到自己故鄉去。

這等家族裏有一個家族，丈夫是貧苦的木匠，名叫約瑟；妻子名叫馬利亞。他們在耶路撒冷附近的一個小村培茲來海姆宿了一夜。這夜裏便產下了一個孩子。這個孩子便取名若細由亞。耶穌是希臘名字。

耶穌幼年時代的事蹟，不大知道。無論那個，總不會記錄木匠兒子的生活，當做一樁重要事情看吧！但是，由事實的證明，基督給與歷史上的影響，比羅馬的帝王們更大。

那時候，還沒有報紙這種東西。卽在基督開始說教的時代，這個國內已有點小騷動。基督是站在一般民衆方面的，對於使一般人生活艱苦的商人僧侶，常發反對的言論。

二八　山上教訓

有一天，基督和一隊人攀登小山之頂，他便作有名的山上教訓。以我所知道的爲限，所謂這時教訓的記錄，誰也不曾寫得。聖經裏的記事，是基督死後好久才寫的。

基督死後十五年，或更遲些，某人寫了認作山上教訓的文句而流傳下來。當初是用希臘文寫的。後來用拉丁文寫了，此後便用歐洲各國文字翻譯了。下面所記載的，是馬太福音裏的一部分的大意。

基督生前的肖像畫一張也沒有。所以畫家和彫刻家都各式各樣地描寫他的容貌。這張畫是留在意大利米蘭市的。

「貧窮者是幸福，天國是他們的。虔敬者幸福，他們是大地繼承的。大慈悲者是幸福，他們能夠得到慈悲。努力和平者是幸福，……

「你愛你的鄰人，雖有『恨敵人』這句話，我若說時，『愛你的敵人』。

「你施與的時候，不要像僞善者在你面前大吹法螺那樣。我右手所做的事情，不要使左手知道，應該秘密地施與。

「你不要爲了喫的喝的着的而煩惱生活不是比食物更貴嗎？肉體不是比衣服更貴嗎？」

聖經裏的教訓，比這些還要長。大概到了某時候，你想讀牠，便可看到全文了。聖經寫着關於基督做過的奇蹟。有些人說這無非是基督死後造起來的故事；有些人相信是眞實的事實。

到底有沒有奇蹟的問題且放着。總之，我們想來，基督是講過好多回道的。還有跟隨基督在那裏傳教，後來稱做聖徒的十二個人。聖徒以外，還有常常跟着基督各處巡遊的一百個或更多些的門徒。

大概你們要奇怪了！爲什麼當基督活着的時候，不把關於他的種種事情記載起來呢？這大概有兩種緣故：第一，因爲基督的門徒，大都是貧苦階級的人；他們因不大學習作文，這些事，不能把自己教導者的種種言行傳述下來。第二，因爲門徒們想信世界的末日，再過幾年便到，記錄什麼，毫無用處。

二九　基督的十字架

基督常常到巴勒士坦的首都耶路撒冷去。耶路撒冷是許多種族的人們爲交易而來的集合地。他們使用各種貨幣，有些人專司交換貨幣，就是經營兌換事業。當然這些人當兌換時，要拿一些貼水費的。有些兌換店，是爲了僧侶們要購買供神的牲畜而經營的。

有一天，基督走進耶路撒冷的神殿裏，看見兌換店在神廟裏做交易。他覺得神殿是不能作市場用的，便用鞭將大家趕走。相傳有這樣的一回事。

巴勒士坦的富人商人和僧侶，一聽到有一個人在幫助貧苦者卑賤者而講道，便發怒了。他們差人將基督捉住，送到羅馬的支配者跟前，處以死刑。

巴勒士坦的官吏，名叫僕屯批剌脫，他審問基督。他對於基督的答詞，覺得滿意。但是羣衆不答應，這般叫起來了！

「把這個人釘在十字架上」

「處罰自稱『天神之子』的他呀！」

僕屯批剌脫便照羣衆的意思做了。基督便帶到小邱上，釘在十字架上。那時這樣執行死刑，是普遍通行的方式。

這樣慈悲的人類指導者被殺死了。若要說他的罪狀，祇是「想把喜悅和慰安放進人類的心裏」，這一件事。

三〇 基督教徒到羅馬

基督死後，有許多信徒都懷疑了。如果基督眞是「神之子」那末他應該不死，他們說。因此有些信徒加以解釋了：

「基督是死後升天的」。

許多人便相信他們的話了，而且有許多人受洗禮了。基督的信仰，擴充到羅馬了。本來叫耶穌的他，稱做基督了。「基督」便是救世主的意思。而且信徒們被稱做基督教信徒了。好久的期間內，在羅馬的基督教徒，受到很好的待遇。但是有一個皇帝，曾把基督教徒當作惡人看，把有些教徒拉到鬬獸場上去，給野獸撕裂而死。

羅馬的基督教徒有集合於墓地地下廊的習慣。在某地下廊裏，發見了這個耶穌肖像，表示一切動物是羊，而耶穌是和善的牧羊人。

基督教的信徒，因此便瞞了皇帝，在祕密地方做禱告了。但是被逮捕的時候，他們都很勇敢地受死刑。

那個皇帝雖這等殘酷；但此後的皇帝，卻不去禁止大家做基督教信徒了。在很早的從前，羅馬已有幾千所基督教的教會了。但信徒還祇占市民中的小部分，大概只有十分之一吧。然而到了君士坦丁帝，因為他常在教會中進出，一切的人也覺得進出教會是光榮的；模仿着皇帝，一切階級的人，都去進出了。

心。

二一 羅馬的教王

初期的基督教徒，分作兩大派：東部的人，就是所謂希臘教會的會員；西部的人，以羅馬爲權力中心。

羅馬怎麼可以做西部教會的中心呢？關於這個問題，曾有好多次的辯論，有些人主張基督的弟子保羅曾到羅馬去過，所以可做西部教會的中心；有些人主張保羅決不曾到羅馬那邊去過。

但是宗教方面羅馬在當時已成爲一區域的中心，這是自然的趨勢。西部歐洲的人，常把當時的羅馬作爲代表的都市。羅馬基督教徒中的首領稱做大僧正。羅馬人常常叫他巴巴，現在還叫做撲善，撲善就是父親的意思。

牧師和僧侶有關於宗教上不能說明的地方，於是他們便到羅馬的教王那邊去請問。所以羅馬教王，一時被認爲西部教會一切牧師的主腦。

二二 摩罕默德

撒刺遜（係中世紀時歐洲人叫奉回教的阿刺伯人的名字。譯者註）是什麼呢？他們究竟從那裏來的呢？爲了要回答這個問題，我們不能不再追溯到百年以前的事情了。從前阿刺伯地方有名叫摩罕默德這樣一個人他是在傳教。當初的他，不過想把親戚朋友聯合起來的說爲了傳述眞的宗教，猶太人的神，道派他下來的。最初的信徒，是他的妻子和堂兄弟。講道的集會，是在麥加祕密舉行的。但已暗地裏流行到社會上了。

害怕因發起新宗教而受罰，摩罕默德便逃到麥地那去。在這個小都市裏，有許多猶太人住着，作歡迎他的準備了。「摩罕默德是一個預言者」這種信念，已擴張到住在麥地那的人們中間了。

那時，阿剌伯是結隊商人往來頻繁的地方。商人們用駱駝馱着商品橫穿大沙漠在亞敍東西各地間行商。爲了向驅逐自己的麥加復仇，摩罕默德便去捕捉到麥加去的這些隊商。而且得了許多掠奪品。麥加便派了一千多的一隊兵士，來和摩罕默德三百左右的弟子作戰。麥加派來的兵終究喫了大敗仗。摩罕默德便宣說自己這邊是有天使幫助的。

這事發生後不多時，麥加的人，便稱摩罕默德爲「猶太人的神」了。後來便祈禱於亞剌亞剌這名字，在麥地那和猶太人作戰以後，好像已代替摩罕默德這個名字用了。

摩罕默德的有幾個信徒，把摩罕默德說過的話記錄起來流傳開去。幾年之後，再把這些集合訂成一本書，就叫做可蘭經。摩罕默德教的信徒們對這種可蘭經，和基督教徒的聖經一樣，認爲是神聖的書籍。

三三 摩罕默德教的擴大

摩罕默德說：「祇有創造世界的亞剌神，別的神是沒有的。」又說：相信亞剌神的善人，可以到天國去；惡人（尤其是不信亞剌和摩罕默德的人）死後到地獄去。

摩罕默德到六十三歲時便死去了。他的弟子們（摩罕默德的信徒和撒剌遜人）確信他是從古至今世界上最偉大的豫言者，比基督還要偉大的人。他們常常到這指導者的故鄉麥加那邊去祈禱。

撒剌遜人相信和別個民族作戰，使他們成爲摩罕默德的信徒，這是很好的事情。因此軍隊也爲了擴大摩罕默德教而組織了。向許多國家，遣派軍隊，而且發布下面這樣的宣言：

「你們如果信仰亞剌，信仰預言者摩罕默德，那末我們便不傷害你們。你們如果不信仰呢，我們便要焚燒屠殺的。」

撒剌遜人相信爲「亞剌」作戰而死的人，立刻可以到天國去。這個信念，能夠使他們把生死置諸度外去作戰。他們在各地都戰勝。他們的軍隊還向印度進軍。現在印度還有信仰亞剌和摩罕默德的幾百萬人，就是這個緣故。

這批軍隊，還經過北非洲，再向西方進發。埃及人已成爲信仰撒剌遜人所信仰的了。不多時，撒剌迻人橫渡北非洲，直到西班牙，把信仰基督的西班牙人趕到北方。

三四　印度的佛教

幾千年來，印度有把偉大人物稱做佛的習慣，後來佛便成爲教祖的意義了。

當時，有名叫瞿曇的一個人，據說他是某王的兒子。後來被人尊稱爲佛，尊稱爲教祖了。因爲大家想來，他是一切衆生中最偉大的了。

瞿曇出世比基督早五百多年。他在靑年時代離了父王的宮殿，親身去沿門乞食。他爲了要知道這世間的眞意味，曾費去幾年光陰。他因要澈底明白知道這些，頗用些苦心。最後他恍然大悟了，便巡遊各地去講道。他最上的使命，就是要使人們互相親愛和睦。

從前這佛做過的許多神祕事件，成爲許多奇妙的故事而被傳流着。這是關於佛的一個故事，但不帶神祕色彩的。牠是這樣傳述着的：

一個婦人到瞿曇那裏來，她悲痛她的孩子的死亡，「請賜一點藥吧！」她哭着說。「請給我能夠使孩還魂的藥！」

瞿曇被她的悲切感動了。但是要使死者還魂，他卻沒有這種本領。要想使她明白：這樣的事情，不應該來求自己的。他便想出了一種手段。

「請你去吧」他說。「請到不論那一家，求得作藥的一撮芥菜子。但是這一家，要是兒子丈夫父母用人一切都康健的。」

婦人很熱心挨家走去，即使某個家庭，說要給她芥菜子了。但她說：「要不曾死過一個人的家庭呢！」於是他們便都搖頭了。不論誰，一個人也不死過的家庭無論尋到那裏也不會有的。

於是她便悟到自己的悲哀，由於自己的任意希求而來的。而且知道不論怎樣的事情起來，不能不盡力忍耐的。

瞿曇的死，已到八十歲了。他為了度自己最後的歲月，揀了一處美麗的墓地。他教了如何繼續自己的事業之後，他的靈魂便消失了。誰也不知道他的靈魂向何處消失。

三五 佛教的流行中國

瞿曇死後，傳道師向各方面去傳道了。有的往印度各地去了；有的超越了北方的大山嶺，而到中國來了。

在中國那時許多人是信仰別的思想家的學說的。但佛教卻很旺盛地擴張開來了。在中國方面，有比佛教發源地的印度更多的佛教信徒。

你們對於佛教關於靈魂和死後生活和佛教的教義，大抵很有興味的吧！

那種教的某一派說人們有一個以上的生命。佛教的信徒說，一切的人都有心靈或靈魂的。這個靈魂，在牠未修成莊嚴正大之前，不能不過地上的生活。人死的時候，普通靈魂總帶着罪業的，所以他不能不再來投生。

佛教信徒的「教義問答」中，有一幅圖畫，好像是想表示人們對於自己的靈魂逐漸增加罪業的樣子而畫的。

佛教的信徒相信無罪的靈魂，能夠永久得到幸福。這種靈魂，可以到天國去。在天國裏，靈魂當然沒有煩惱、悲哀、愁苦了。

佛教徒，並不是一切的都正確地相信同一的教理。這也和基督教徒同樣。

在中國方面，不論遍數地高宣佛號，已成為多數佛教信徒的習慣。他們相信這樣念佛，是能夠退避惡魔，往生天國的。

有些中國人，有在諸佛圖像上畫小圈的習慣。他們念佛滿了一百遍，便用紅或青或綠的顏料，染圖上的一個小圓圈。一張佛圖上的圈描好後，在別張圖上再同樣地做。一到死期相近，希望他的靈魂到天國去，預先託了別人，替他焚燒這些全部佛圖。

中國有一派佛教徒，稱為淨土宗。這派人相信：佛一得到信徒，不論在何方，淨土的聖池裏一枝新蓮花生長了。

據說：一到死後，靈魂到這聖池去住在蓮花中央。若是正當的靈魂，那末得能見佛的喜悅。若是有罪的靈魂，那末蓮花閉合靈魂不能見佛了。

若是還有些人是非常壞的惡人，在幾千年裏花總是閉合着，凡是罪輕的，不久蓮花又開了。

三六 簡明的數字

我們不能不感謝撒剌遜人的一椿，就是現在所用的數字的寫法。在撒剌遜人還不到歐洲來以前，數字都是照羅馬式寫作 I、II、III、V、X、L 這等式樣。這種數字計算加減乘除是如何困難呢！你們大概也想得到的吧。譬如 16×63 照羅馬數字寫起來便祇好 XVI×LXIII 這等寫了。這樣雖不是做不到的事情，但無論如何總覺得數字不整齊，而且又很難算。

撒剌遜人竟把更簡明的像 1, 2, 3, 4, 10, 100，這等數字傳到西班牙，學生們知道這等數字的便利，牠在歐洲方面非常通行，漸漸有取羅馬數字而代之的形勢了。我們可以相信，撒剌遜人是從印度人那邊學得這樣簡明的數字的。

三七 羅馬的曆

羅馬人用的曆，還有留傳到現在的。有一種像圖上畫着這樣。這是一塊四方的石頭，四面分記三

羅馬人的曆

個月份各月的名稱上面畫着一個司掌的這月的星宿。你們常常聽到美徐斯刺巴一句話嗎？美徐斯是「月」的意義，刺巴是有兩個臉孔的意思，就是羅馬神徐耶奴斯這個神所司掌的月，就是一年開始的正月。徐耶奴斯的一個臉孔是朝着去年那邊看的，一個臉孔，是看新年這邊的。

還有美徐斯買爾台烏斯這個月，就是三月，是羅馬戰神買爾斯的月。裘姆就是六月，是一切神中的主神裘皮他的妻子，羅馬女神裘烏諾司掌的。

在曆中各月名稱之下，和別的消息同樣地記着這月的規定節日的名稱。

三八　地球的測定

在許多希臘人想來，地球一定同球這般圓的。他們知道：出港的帆船，在船身已看不見時，還能看見船帆。他們還知道：人向南方旅行去，有些星向北方消失了。從這兩件事推想地球或者是圓形的。有些希臘人，為了要測驗地球的體積，向很遠地方跑開去。亞里士多德在他的著作中說：他相信地球的周圍，有四十萬希臘里。四十萬希臘里，實在合着四萬六千里左右。這成為過大的推測了。

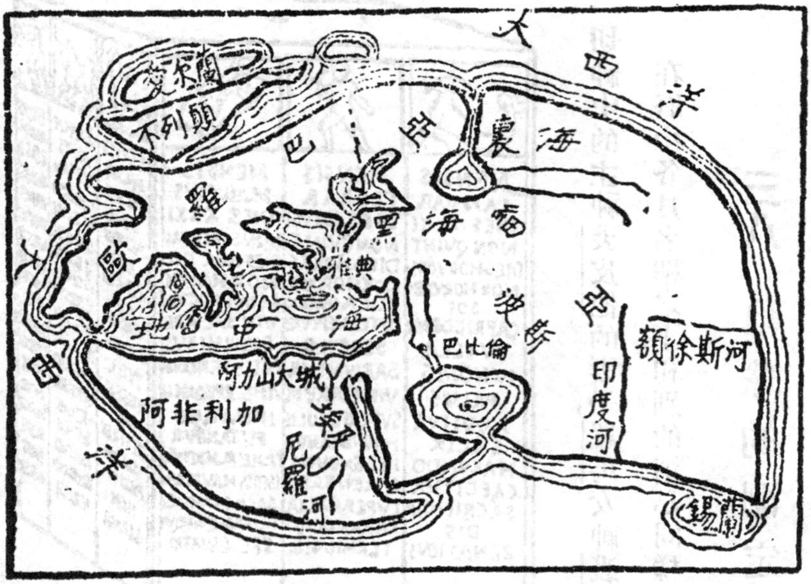

洛羅陶德想來，歐羅巴，亞細亞，阿非利加是這種形狀的。

亞力山大利亞市裏，有名叫依洛陶德的一個人，他對於地理有很多的智識，在當時恐怕比誰都好。這裏的附圖，是表示他所推想的各種地方，是成怎樣形狀的。當然地圖上有許多的錯誤；但是他所推想的情形，也頗有點興味。依洛陶德說：地球是圓形，牠的周圍是二萬八千哩左右。他僅僅和實際相差四千哩左右呢！

三九　蘇格拉底

你們如果到了有喪失生命的危險，要逃也無法逃走的境地，那末將怎樣辦？

住在雅典城裏，有一個偉大的希臘思想家，恰恰碰到這個問題了。但他不願勉強逃避，留着

受死刑的裁判。這個人的名字叫做蘇格拉底，這個人是世界上最高尚的一個人，

蘇格拉底是貧苦石工的兒子，他長大後，不繼承父親的職業，卻去做教師了。——他實在是一個無法形容的好教師。

蘇格拉底穿了半舊的難看的衣服，赤着腳，走到市場上去。不論誰要聽他的談論，他就立定了對他講。不要聽的人也有故意用話來難他的。但有時受了他銳利的責問，大家都驚呆了。

我們把他的肖像畫附在這裏，他的容貌，看去很剛強，許多人總當他粗人看，但他被大家愛着的。

蘇格拉底，這是照了他的影像畫的。

雅典的人們（大都是青年人，）很熱心地集在他的周圍，喜歡聽他所說的話。當他對於一切人所信仰着的眞理，抱着懷疑時，究竟發生了怎樣的影響呢？青年要從自己心裏去求眞理了。而且蘇格拉底教他探求眞理的方法。他的教法，以責問式爲主。他把種種事情責問他們，他們因爲要作適當的回答，不能不充分地用頭腦了。

他這樣的教法行用了好久，有幾個老年的市民，卻驚異而厭惡他了。

「這個人！」他們說。「他要教我們的孩子去懷疑我們素來所信仰的眞理。打倒呀！打殺呀！」

於是蘇格拉底便被拉到由五百人組成的裁判所裏去了。有少數的人說赦免了他，

「處死刑吧！」這樣說的人居多。

在裁判之前，有人勸蘇格拉底逃出雅典，但他卻斷然地拒絕。在獄中還很安心地和朋友們談笑，靜待死期的到臨。而且一句悲哀的話也不說，因爲他相信自己是正當的，就是因此失掉生命也覺得開心。末日到了，他把盛着毒汁的杯子，放到脣上，一滴不剩地喝乾了。

蘇格拉底在二千三百年前死了，但他直到現在還活在我們心裏，活在我們胸中。

四〇 柏拉圖和亞里士多德

柏拉圖是學於蘇格拉底的青年們中的一個人。他是這個眞實思想家的熱心的門徒。他把從先生那裏學得的，一切都很領會了。

蘇格拉底飲毒汁而死之後，柏拉圖便成爲尊奉蘇格拉底教義的人們中的先導者了。他做了先生的後繼者，圓滿地完成了他的事業。柏拉圖常宣傳自己教義的時候，常常帶了弟子們，到和雅典城牆相離不遠的森林中去。他在森林裏面作關於善、美、眞的議論，要去好久的時間。

柏拉圖著了多少書，討論眞理怎樣才會明白，民衆怎樣才能夠生活等問題。在他的著作裏面，最有名的是共和國。這書是詳述柏拉圖的政治理想的。而且柏拉圖的著作中，含着蘇格拉底所要想說的許多話。柏拉圖大概是使蘇格拉底的言論更加完美的人。

在柏拉圖的學生裏，有對先生提出非常多的難問題的一個人。這就是亞里士多德。亞里士多德是從希臘的北部地方馬其頓到雅典來的。他是已經離開馬其頓王宮的某醫生的兒子。他當十七歲以前，住在宮中或王宮鄰近。這時得到父親的許可，才到雅典來。雅典的青年們很容易會到柏拉圖，他就做了他的學生。因此他能夠常常和別的學生們一同伴着先生到森林裏去，在美麗的大自然中學習了。

柏拉圖愛他的學生亞里士多德。學生也愛他的先生。但是在兩人之間有難問題了。亞里士多德已不能完全同意於先生所教導的，他覺得柏拉圖太普遍地考慮一切事物了。柏拉圖說亞里士多德是像「離開了母親的仔馬」。

亞里士多德二十七歲離開雅典，此後十二三年的長時間，大部分在旅行中過生活。他在這次旅行中，到馬其頓王非力布的宮裏過了幾年，教導青年的王子亞力山大。但後來回到雅典，像以前蘇格拉底，柏拉圖做過的一樣做了許多青年們的導師。

那時候，亞里士多德是最有學問的人。他對於動植物曾經下過深切的實際研究，他的學生們，有搜集了許多材料來作先生的幫助的。所以到了最後，他做成了世界上不能看到的完整的標本了。一看到他的著作，我們將震驚他的智識如何深博了。他實在是一個最初期的科學者。

四一 荷馬和他的詩

從古代希臘傳下來的著作中，有荷馬的詩。這些詩當初是用希臘文寫的，後來譯成拉丁文，最後用近代歐洲各國文字譯的本子都有了。

荷馬的生活不很清楚，他大約是在三千年前——希臘還沒有聞名世界時候的人。在傳說上講：荷馬是一個彈豎琴的樂師，一面撥動豎琴的絃，一面唱英雄之歌而巡行各地的盲人。不管他是怎樣的人，總之，用他的名字傳下來的一切古詩，不是荷馬所作的，這很明白，而且這些詩大概又經過別個詩人的修改了。

被認爲是荷馬所作的主要的詩篇，是伊里埃特和奧特賽。就我們所知道的這些詩，起初並不用文字寫下來，祇是口頭傳誦着，父親講給兒子聽，兒子又講給自己的兒子聽，直到最後，把這些口傳的古詩，用文字寫起來，荷馬便成爲作者了。

四二 伊里埃特

伊里埃特是關於希臘軍隊包圍托羅城的故事，裏面敍述着希臘人對那奪劫斯巴達王妃的托羅王子復仇的情形。這一詩裏，最能夠感動人心的部分，是托羅的英雄海克脫兒，要出城去和希臘最勇敢的英雄埃氣來斯一戰的情節。

這一天海克脫兒離家的時候，他的妻子流着淚和他話別。她掛念他的生命。

海克脫兒的妻子，當對丈夫話別時，摟住他的肩頭哭了。

埃氣來斯因爲一個友人已經戰死了，對敵人充滿了憤怒。他看到海克脫兒，就走出去想和他戰。托羅的英雄先投擲自己的短槍。但這在希臘英雄卻什麼傷處也沒有。海克脫兒被殺了，他的屍體被縛在戰車後面在托羅城的周圍巡遊。

托羅的人們失去了重要的英雄，但若不是奧台休斯出來，也許不至於失去獨立的。

這聰明的奧台休斯想到攻入托羅的詭計了：他們製造木馬，木馬裏藏着四五個兵士，於是佯作解圍退到自己的船裏去。

托羅的人們，見有被丟着的木馬便把他作爲戰利品運到城裏去了。這夜裏，並且大開宴會慶祝勝利。人們飲了許多酒，一切的人都醉醺醺地睡着了。於是躲在馬裏的兵士，就偷偷地出來了。他們走到城門邊，把城門開了。

因爲希臘軍隊並不曾退得很遠，當天就都乘黑暗回來。城門開時，兵士們便向城裏擁進去了。睡着的托羅兵士被刺死，都市也終究被燒燬了。

木馬

木馬的故事，當然是一種神話，但是托羅市是確實有的。科學者已發見這市的舊址。那裏不用說早就非常破壞，好多回在同一場所建造過都市了。這種情形，是從廢墟的層上觀察出來的。人們建造新都市；並不把都市的破壞物完全取去，他們就在這上面建造新都市。某人說那邊有過九個都市，一個是羅馬人建造的，稱做伊留姆，伊里埃特的詩名，就是從這個名稱上來的。

四三　奧特賽

奧特賽是因想出製造木馬的聰明漢子奧台休斯而得的名稱。他燒燬托羅之後，要想歸國，很遠地乘船到海上去。

在詩上說：奧台休斯是海神的仇敵。他的遭遇風浪就是這個緣故。他們在不熟識的島上登陸。乘客們遇到獨隻眼的怪物西克羅潑斯。西克羅潑斯把奧台休斯和他的兩三個部下，推進在一個岩窟裏了，他們如不能從這個岩窟逃走，也許都要被殺死。

此後，奧台休斯又遭難船破而在別個島上登岸了。在這島上，他卻受大家親切的款待，而且和一個王女結婚了。但是他願意回到意沙加去。所說意沙加，是他從前做國王時所支配的希臘左近的島。從想攻陷托羅而離國以來，已經經過二十年以上了。

在奧台休斯某一時經過一個小港的近旁，他被人魚所誘惑了。水手們爲不肯讓他跳到那邊去，不能不將他捉住。

四四　待倦了的倍內羅菩

那時候，奧台休斯的愛妻倍內羅菩在意沙加等待他回來，等得倦了。她在托羅戰爭剛發生的一年前和奧台休斯結婚。時間過去了。她切切盼望戰事早些完畢，丈夫回來。終於希臘的船回來了。她快活地等待和丈夫會面，但是不知怎樣，她的丈夫總是不來。

「你的丈夫自托羅開船以後，並沒有碰到過。」別人都對她這樣說。

年復一年地過去，但是這島的王還不歸來。

意沙加的貴族們走到女王之前說了：「你的丈夫一定

死了，還是在我們裏面選定一個，做你的丈夫而統治王國好吧！」

貴族們驚了倍內羅苦

「不不！」倍內羅苦說了。「不能不再略等幾時看。我就要爲了丈夫的父親，做送葬的外套。若是做好了之後，奧台休斯還不回來，那末我和你們中的一個人結婚啊！」

女王開始做這件外套了。但是她把日裏所做的針線，一到夜裏統統解散了。貴族們知道被欺騙了。因此在某夜特去窺看她，看到她又在把縫好的地方拆開來，就驚了她，貴族們不快意了。他們對她說：必須立刻和自己中的一人結婚。

可憐的倍內羅苦，正當不知怎樣好的時候，一個襤褸的漢子走進宮庭來了。狗向他飛奔過來了。這是一隻年老而衰弱的狗。牠對主人看了最後的一眼，便搖尾而死了。

奧台休斯走進殿上了。最初誰也不曾留意到這個人。但是，終究他能夠自己證明是意沙加從前的王。他的兒子，現在已經成人了。他幫助父親殺了貴族們。奧台休斯再就王位治理國家，和貞淑的女王幸福地過活了。

奧台休斯還有一個名字叫「威利水施」。古代羅馬的人們，曾這樣叫他。關於他的故事，大部分是空想的故事。大概有和他同名字的人，在地中海的各島上做了許多冒險事，這想來事實上是有的。

四五　希臘神話

世界怎樣造成？怎樣產生怪物、神和人？關於這些問題，希臘人造出故事來說明了。

故事的作者說：在最初的世界，一切都是混合着製造的。水咧地咧火咧都混合在一起。後來不久天和地生成了。天是男神，地是女神。他們雖有許多孩子，但都變成怪物了。其中有一個叫做凱洛司是那時的支配者。

凱洛司從父親那邊聽到：他自己的一個孩子，將要奪他的權力。因爲要預防這回事，便把自己的兒子都吞了下去。只剩下一個，那就是裘斯。裘斯因母親把一件衣服披在石塊上面，裝做孩子的模樣，給凱洛司吞食，因而得救。母親再把裘斯藏到岩窟裏去。

裘斯長大了的時候，聽到自己的兄弟姊妹都被吞食的情形，非常發怒。他欺騙父親，勸他喝酒，使他噎住。凱洛司一咳嗽，孩子和裝做裘斯模樣的石塊都從口裏跳出了。

凱洛司的子女們都發怒了。父親也非常怒了。戰爭便開始。凱洛司和許多妖精在這一邊；裘斯和兄弟姊妹們在別一邊，但他們也得到兩三個妖怪的幫助。

裘斯和他的援助者，列陣在奧林布斯山的頂上；一邊的妖怪們，在山峯近旁排陣戰爭繼續了好久，非常可怕。樹木、石塊、電光，滿天飛舞。

這次戰爭經過了十年之久，方才完結；妖怪完全被平完了。怪物中有一個亞篤刺斯變成支天的柱了。凱洛司逃到意大利去了。裘斯和他的兄弟姊妹們，便做了男神女神支配這世界了。

四六　火和初期的人

希臘人因爲要說明人當初怎樣製造和人怎樣發見火這兩個問題，創造出許多故事來。從某個故事上說，當凱洛司和怪物作戰的時候，神的方面有兩個怪物，初期的人和初期的動物，便是由這兩個怪物製造出來的。就是說名叫步羅每邱斯的一個善良怪物和他的兄弟，製造鳥獸和人類的。步羅每邱斯叫他的兄弟先製造鳥和獸；他將敏捷、翼、強力、勇猛，以及其餘很多的能力，給了鳥獸。

「留些什麼給人呢？」步羅每邱斯問了。

「唉！我主要的東西都分完了！」兄弟回答。

「可是，無論如何不能不給的！」步羅每邱斯說。「我把火給了人吧！」

裘斯是禁止到天國去取火的，這種火就神說來是當做神聖的東西。但是有尊貴精神的巨人，不願使黏土和水製成的孱弱的人們喫苦。步羅每邱斯便走到天國去，在太陽旁邊點着了一個火把，拿到地上來，交給最初的人們。

步羅每邱斯因此受了嚴重的處罰。他被繫在某山峯旁的大岩石上，一隻大鷹，每天飛來，很慘酷地啄他的肉體。但步羅每邱斯，毫不怨恨地耐受這種苦楚，他知道自己已替人類做了重要的事情。

四七 希臘的劇場

雅典人是禮拜叫台尼撒斯這樣一個酒神的。有時爲了這神舉行祭典，大家先到有祭神的祭壇那邊去，歌手和舞手都齊集在祭壇之前。其中有幾個人立在羣集的面前贊美酒神之德，有這樣的習慣。此後有兩三個人出來，使得任何人都能聽到般齊聲說話。

希臘人演悲劇時，主角用這樣的面具。

最初，羣衆都立在那裏；但他們已疲倦極了。有木製的椅子，繞着演員排成半圓形，大家便很寫意地坐着聽演員講酒神的故事。每次總有一個演員，扮作酒神模樣。

希臘的劇場，是起源於這等祭祀的。最有名的，建造在雅典，在雅典市中央左近的大丘旁，這便是台尼撒斯劇場，有六萬人可坐。這劇場沒有屋頂，只把青天當做天花板。

進去的人，都要買票，票子通常要收一點費，但有時也可以免費遊覽。酒神的祭禮，要延長到好多天。戲劇自早上開始一直繼續到晚上，在好多年間這般通行着。劇場上，對着觀客講說白的不能超過三個人，但是後來也有十五個或二十個人一齊上舞臺的。

演員，戴着畫在這裏的面具，婦人們不許去扮演戲劇，有時許可她們去觀看。

四八 希臘的劇曲

一到春天，希臘地方便在大的野外劇場演劇了。在雅典的劇場，可以容五萬以上的觀客。正式的戲劇稱爲悲劇；爲嘲笑而寫的是喜劇。

在雅典地方，悲劇從早上恰恰太陽上昇的時候開演，而喜劇則在午後開演，一直繼續到天暗。

爲了要決定那一個作者寫的戲劇最好，就開一個像批評會般的會。每當新式演技奏演時，民衆熱心地去觀看。他們合意時，便這樣叫了：「再一回！再做一回！」若不合意時，這是拙劣戲劇時，他們便嘲笑了；有時把果子這些東西投擲演員。

有一個悲劇的作者，名叫沙夫克來斯。在這位大詩人出現以前，舞臺上的演員，祇有三人。但是沙

夫克來斯說了，「再添派一個演員出去」。這件事使戲劇更加有趣味，

在扮演劇中人物的演員以外，還有許多人出臺來唱歌。他們的歌，常是說明劇中情節的。

沙夫克來斯使四個演員出臺，收得好結果了。但他終究是舊式的人，他確信裘斯、海拉埃台那和其他男神女神們。

由利披台斯是和沙夫克來斯齊名的詩人。他是深刻的思想家。他在他的劇曲中，竟懷疑到男神女神是不存在於世上。老年的人們，搖着頭，時常去批評他。但青年和婦人們，喜歡他的作品。他們好像漸漸相信關於裘斯和其他神們的故事，祇是故事罷了。

四九　羅馬的戲劇和演員

羅馬時代大部分劇場的建築，是模仿希臘劇場的。普通總在山麓或郊外，觀客常常坐在草地上；有些地方有木椅石凳預備着。每劇總要預備二萬多人的坐位。

這張畫描寫羅馬劇中的某一節情形，兩邊各有一個職員坐着，中央是舞臺。在羅馬時代，婦人可以上舞臺去了。這和希臘時代用男人扮女角色的習慣不同。

舞臺上有兩個演員，戴着面具，這是模仿希臘劇的。這種面具上，還裝着一個提高聲音的金屬口。因為在露天演劇時，聲音常常聽不清楚，這種金屬口，實是必要的。

羅馬時代的劇場

有時劇場上的羣衆，聽得別處有什麼有趣的事情發生，便丟着演員都向那邊跑去了。

五〇 希臘的音樂

音樂是不能和希臘人的生活分離的東西。幾乎連小孩子們都知道彈什麼樂器來玩耍。豎琴是最喜歡的樂器。

這裏畫着的是三個希臘女神，這些女神的名字，叫茂池。現在英文中把音樂叫做茂徐克，就是從這樣來的。這畫表示茂池的神們正在彈奏希臘時代一般通用的絃樂器。橫笛也很通行，最初的橫笛祇開着一排洞的中空的葦笛。但是希臘人加以改良，他們把牠做成更經用的，加一個木製的吹口，把葦草兩三層重疊起來。

這種橫笛，普通是受雇的樂工吹的。上流階級的人不很喜歡吹。不喜歡的原因是因爲吹奏起來，兩頰膨脹非常難看的。

三個茂池神

雅典的孩子們，到了十三歲，便該教授初步的音樂學習彈奏豎琴，同時暗誦詩歌。他們又學習舞臺上唱的歌詞。在如此研究的時候，孩子們的品性是要考察的。關於這件事，希臘人這樣寫着：

「本市區域內孩子們到豎琴教師家裏去時（即是白雪下來的時候）應該着了薄衣服出去。在那裏，教師教他有名的歌曲，如果這時某個孩子故意胡鬧了，便要受狠毒的笞打。」

他們想在唱歌的時候胡鬧，茂池神是要被趕走的。

五一　斯巴達的學校

希臘人已建立大都市了。其中以雅典、科林脫、底比斯、斯巴達等爲最著名。斯巴達在南希臘。牠支配着在城牆周圍的許多土地。斯巴達有一部分人民，和奴隸沒有什麼大差別，他們耕種土地，製造器具和武器。而「自由市民」是正式的兵士。他們的責任是當自己的都市和別個都市開始戰爭時，都要出發作戰。

從孩子時候起，男孩子便用軍隊式的教育養育着。不健全的嬰兒，就被拋棄，拋棄在山脚或市外的森林裏任其死亡。所以在斯巴達活着的當然祇剩得強健的人了。孩子到了七歲，男孩子便須離開自己的家庭去受都市經營的教育。他們在那邊，對於軍事訓練和競技費去時間的大部分。他們這般受了十三年的教育，他們所學習的書本知識只很少的一點，大部分是戰爭的方法。到了二十歲便編入軍隊，依了命令向各地去征戰了。

這樣的斯巴達，已擴充牠的勢力到希臘各地了。當時幾乎一切地方都在斯巴達支配之下了。但牠的勢力不能永久維持下去，因為斯巴達人是凶暴的支配者，於是已征服的大部分都市中，都將他們趕走了。

五二 雅典的學校

一個學生，在用刀筆寫字，還有一個立在旁邊等候。

在雅典市裏，倘若父母有錢呢，孩子到了七歲，便送到學校裏去。孩子通常跟三個教師學習，一個是教讀書的，一個是教詩和音樂的，還有一個是教體操——尤其是相撲，賽跑，跳高等的。

雅典沒有特設的公立學校，青年們都到以教授這等學科為職業的家裏去學習。父親對付教師沒有力量給付學費，因此有許多孩子不能夠讀書。級數也很少，有時祇有三四個學生，校長非常寂寞。教師對於學生可以用鞭來打，有時孩子們的背上，打起很粗的鞭痕。但是孩子的父母對於這般毒打，什麼也不說，他們想來，這樣的鞭打可以能得到更好的效果。

學習讀法，在孩子是頗喫力的事情，那時的文字，都一起長長地連着，而且用花體字母，清清楚楚的，一個也沒有。

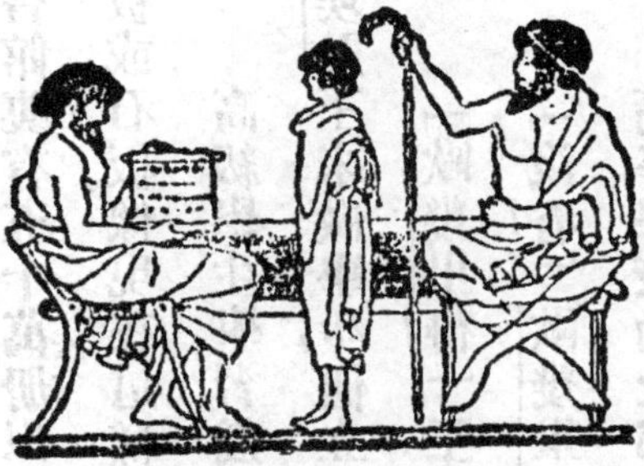

詩的授業。教師手裏拿着寫在Papyrus上的卷本，右方是到學校裏去迎送少年的奴隸。

學習書法時，他們照着先生寫在蠟板上的字臨寫。這種蠟板，就是一面塗着蠟的木質平板，在這上面寫字時，使用古代的鉛筆斯台奕拉斯，就是刀筆。刀筆的一端沒有尖鋒，可用以揩去文字。倘若寫錯的時候，用牠在蠟上擦一擦，便照原樣了。但是年長的孩子也有用墨水在紙上寫字的。

古代雅典女孩子是不進學校的，他們在家裏學習家務，如果要讀書寫字呢，就向母親或乳母那裏去學習。女孩子大部分學習紡紗、織布、縫級、刺繡等。

五三　亞力山大利亞的大學

亞力山大是希臘有名的王，他征服了許多土地，他死了之後，有一個多洛海將軍，做了支配埃及的主。許多優秀的希臘人，那時搬到埃及去住，他們大部分住在尼羅河口旁亞力山大利亞城內。

在亞力山大利亞城內，還建立了偉大的學校，這實際是一個大學。那裏有許多房屋，把科學、文學、醫學等學科教授學生。而且有時這大學裏有四萬多學生。

他們不只是從希臘或埃及來的，甚至有從馬其頓、巴勒士坦、波斯、印度這些地方來的。大學的圖書館裏，有五十萬册以上的圖書貯藏着。這些雖叫牠書，實在是用墨水寫的紙卷，和刻着文字的黏土板或石板。像現在這樣的書籍雖沒有，這已經是古代社會裏最偉大的圖書館了。

高級學生學習幾何學時，用歐幾里得所編的教科書。歐幾里得是住在亞力山大利亞的。有一天，埃及王來做學生。他立刻被難題難倒了。

「歐幾里得！」王說。「這個問題難得討厭，難道在我國王沒有更容易理解的方法嗎？」

「沒有！」歐幾里得說。「教授幾何學沒有爲了國王的特別方法。」

高等學校的大部分學生們，很贊成歐幾里得的話。

亞力山大利亞是當時世界最大的商業中心。金屬的錢幣，那時已經很廣泛地作一般交易用了。爲了船隻進出便利起見，在市的港口建造燈塔，這個燈塔也就是世界七大奇物之一。

五四 羅馬的學校和學生

希臘和羅馬，在孩子們的教育上也有一些差別。希臘的姑娘們，常常躲在家裏，否則由父母或用人教一些書，沒有上學校去學習的。但是羅馬呢！姑娘們到了七歲，便讓他到學校裏去，而且通常有幾年之久，可以在學校讀書。

羅馬的男孩子，也是一到七歲就進學校的。但是他們可以有更長的時間在學校裏讀書。學校裏去讀書，是要給教師學費的。所以貧家的孩子，不能到學校裏去。

希臘的學校裏，教學生們吟唱詩歌，彈奏音樂，但羅馬人覺得這是無用的。所以對於自己的孩子，祇教讀書、寫字以及若干數學問題。彈奏音樂等事情，已經不注意了。

羅馬時代學校的學生寫字時，通常用一頭尖的細棒。他們用尖頭在塗蠟的板上寫字。也和希臘的學生同樣，用沒有尖鋒的一端，來揩去文字。

羅馬年長的人，是用墨水在羊皮紙上寫字的。

五五　諾曼人的學校

在法蘭西方面，諾曼人想過着更好的文明生活，所以他們建立許多好學校，這些學校，大都設在僧院裏。

諾曼底最有名的教師，是意大利人。其中最有名的，叫做亞波拉。他在培克地方，立了一個學校，學生們從法蘭西各地到那裏去。

亞波拉的許多學生，做了僧正或僧院長。有一個學生，做了羅馬教王。亞波拉常常爲了糾正學生的過失，直到深夜都還要坐起來。他研究過的稿本，有些現在還保存着。

當時的教徒，抄書算是有相當價值的工作，僧院長常常鼓勵他們。有一個諾曼底的僧院長，曾講述下面這樣的故事：

「有一個在世時犯了許多許多過失的僧侶，他所做的唯一善事，就是抄寫關於神的書籍。他死去的時候，有一個天使，調查他的罪惡，對照着他抄的書籍中的字句，一椿一椿地數他的罪過，到完結時，還有一個字多，於是他便到天國去了。」

這樣的故事，在古書的流傳上，確實有不少的效力。

五六　希臘婦人的職務

雅典的婦人們，家庭內的工作，實在多得很。那時早已有紡紗、織布這些事了。（當然在那時的社會裏，機織工場是沒有的，衣服的材料是在家裏自己織的。）這種工作，實在是很費力的工作；所以有錢的婦人們，使奴隸們去做，自己做刺繡和其他輕便而有興味的工作。

婦人們是可以看某種戲劇的，每逢節日，她們也可以參加到宗教的列隊裏去。婦人出門，只以這等時候爲限。她們這樣被幽閉在家裏，所以希臘婦人中，很少傑出人才，實在毫不足怪。只有一個沙福女詩人。她是生在多島海內某島的希臘人，他長大了以後，在希臘本國過了一時的生活。她的詩，幾乎無人不知的了。

五七　古代雅典的結婚

雅典的婦人，通常到了十五歲時便結婚了。父母替她揀定了丈夫，她不能不接受。有時她直到結婚的日子，還不認識對手的男子呢！

結婚式最普通是在一月裏舉行的。這個月稱做加美麗翁，因爲司掌這個月的是守護結婚的女神。

結婚式在新娘的父親家裏舉行，非常熱鬧，許多客人都來。殺了小豬和小羊來祭神。小豬和小羊的肉便做成菜肴，款待賓客。此外還有別的菜和大而扁的結婚餅。餅裏面裹着脂麻粉和蜂蜜。

希臘婦人因爲要美觀，在臉上搽施紅色。

到了晚上，這樣的菜肴搬出之後，母親便把女兒帶到一輛結婚馬車內。新郎新婦，坐了車子，車緩緩地走着，兩人的朋友們，簇擁了馬車送她們去。火把高高地舉着，照得路上雪亮，還唱着結婚歌。

新夫婦這樣地到了丈夫方面預備着的家裏。於是再開宴會，許多酒被喝乾了，到了深夜，朋友們都回去，只剩下新郎新娘。

希臘的男子，結婚期通常在三十歲左右。他們可以隨意到什麽地方去。只有可憐的妻子，不能不留在家裏，她們幾乎連到屋外去一趟都不能夠。到市場左右去，容貌給人看見，認爲是女人的羞恥。雅典的男子們，齊集在市場上，每天談論政治和別種事情。至於購買物件，那是奴隸的職務。

五八 盎格魯撒克遜族婦人的家庭生活

盎格魯撒克遜族的婦人，已有不肯完全屈服於丈夫的自覺了。她們碰到機會，總要稍稍擴張一些權力。不久，法律也有一部分被她們變更了，妻子可以管理她自己的財產，丈夫死後，丈夫的財產一部分應屬於妻子，否則她可以在一年之內再去結婚，但再嫁後便不許繼承財產了，就是丈夫活着時給她的土地，她也不能不交出。

盎格魯撒克遜族的婦人們，是織粗布過日子的。她們也喜歡刺繡。所以英國婦人們以刺繡出名的。連女王和公主以及貴婦人們，都是刺繡好手。在古書裏這樣記着：某青年婦人因爲教導貴婦人們用金線做刺繡，得了許多土地。

五九　希臘的運動會

每隔四年，希臘人有從各處地方集於叫奧林比亞的神殿前的風俗。他們在那裏作種種競技，以定勝負，這稱做奧林比克該姆。

希臘的拳鬪

拳鬪和相撲的比賽和投盤一起在這個奧林比亞舉行。短距離和長距離的徒步賽跑，也常常排在節目單裏。誰都覺得是最有趣的，大概是戰爭用馬車的競賽吧！這是把兩三匹馬繫在馬車上，使牠拉着，在廣場上跑轉來，最後以橄欖樹葉的花圈或棕梠樹枝贈給優勝者。

這樣的奧林比克該姆內，有幾千的觀客集着。這些人不僅傾心於競技，就是在精神方面，也作各種的企圖。他們在那邊學習種種東西。畫家們把自己的畫送到奧林比亞來，詩人拿了自己最近的作品來誦讀。

六〇　羅馬的賽馬

說賽馬起源於古代羅馬，你們聽了大概要覺得奇異了吧！

羅馬的賽馬場在市中有名的小邱中間的谷地上。賽馬場的周圍，都作爲觀覽席。前面的觀覽席是用石造的；其餘是用木造的。這等觀覽席都是脆弱的，所以常常被觀客擠坍而壓死人。

賽馬的觀客，是無須出費的。在外國戰爭而奪得金銀財寶的將軍們，常常賜錢給賽馬團。有一時，羅馬最大的賽馬場觀客席的數目，竟達到十八萬五千位之多。

戰車的競賽

戰車的競賽，是舉行節日中最普通的了。一面趕着三匹以至四匹的馬，同時乘在戰車上，敏捷地走轉來。每架戰車都有特殊的顏色，就是塗成白、紅、綠、青等彩色。觀客們各對着自己所喜歡的顏色喝采。但是後來的賽馬，廢去了紅和白，比賽祗在綠、青之間舉行了。

戰車是富裕的人們所有的。但駕駛者到別處去找尋，否則使自己的奴隸去擔任。奴隸有因競賽上獲得優勝而被解放的。

六一　希臘人的宴會與飲酒

希臘人也像我們現在一般一天喫三餐。菜肴最好的飯，是晚餐但是奴隸和貧苦的自由民不論何時都是喫粗劣飯菜的。

富者恰恰和貧者相反，時常開非常盛大的宴會。他們喜歡喫牛肉、羊肉、豬肉、各種點心，喝葡萄酒。喫從遠方運來的果子。這些食物，常是差婢女搬出來的。那時像肉叉這等漂亮傢伙還是沒有，所以大家都是用手抓來喫的。有些人常躺在牀上喫飯，飯喫好之後，拿出揑粉般的東西來，用這東西可以把手指頭插進去，使帶在手上的油脂擦落，然後再拿出水盂、香肥皂和毛巾等來。

男子常常開大宴會。這種宴會妻子是不出來的。女婢擔任着堂倌和舞女的職務。男子們有興致時，就議論談笑作樂。舉行這種饗宴時，人們總是喝了非常多的葡萄酒。這圖裏所畫着這般的牛角杯子，在飲酒時常被使用。這樣的杯子盛滿了酒，大家把牠一口喝乾。

角的酒杯

六二　羅馬人的喫飯

羅馬時代，也有每天喫三餐的習慣。早餐普通非常簡單，祇把麪包浸在葡萄酒裏喫，或蘸了鹽喫。葡萄乾和奧利蕪油是常和麪包一同喫的。

勞働者過着很胡亂的生活。有時他們一面做工，一面把乾麪包當做早飯喫。上學校的孩子們，常在往返學校時買乾麪包喫的。

午飯是鄉間的主餐。但在都會裏被當做點心。這是在上午十一點過些喫的。飯完之後，若是閑暇的人們，常作一小時左右的午睡。都會的晚餐，菜肴較豐盛：菜、魚、蛋、牛肉、果子等都預備了。

羅馬人模仿希臘的習慣，在每餐之後，略略休息。飯廳的拉丁名字，有「三張睡椅的房間」的意思，因爲食桌的周圍常常放着三脚的睡椅。

富裕家庭中的羅馬人，在喫飯菜時，總是朝着食桌，躺在自己的睡椅上。酒，普通是和了水喝的。喫冰淇淋用的製成圓錐形的角杯，常常作酒杯用。在磨尖的尖端，有一個小洞，拿去軟木栓，酒就可流進人的口裏了。

婦人們在喫飯時，也可以躺着；但孩子們總立在食桌邊。

在富裕的家庭裏，有二個三個以至四個的飯廳。其中有一個必定在郊外，那是熱天用的。這樣的飯廳，總有葡萄架接在格子窗上。

六三 古代英國的宴會

盎格魯撒克遜人宴會的圖畫，現在還有保存着的。這裏所刊着的就是其中的一幅。

何等奇妙的畫呀！桌面好像鋪在地面上。這是畫家因爲想把放在桌面上的東西都表示出來，所以這樣畫的。

在食桌周圍的，大部分是婦人。但其中兩個是男人。他們蓄着長髯，而且把酒杯高高舉起。大概他們正在喝日耳曼部族所喜歡喝的強烈的啤酒或普通的啤酒。

千年前的畫家所畫的盎格魯撒克遜人的宴會。

桌子上東西很多！其中有刀子，有圓碟，有長方形碟，有大碗和連柄的杓。

脚露出在食桌下面，大家都同樣大小。這定是很拙劣的畫師所畫的。可是誰都穿着皮鞋，即在你們也明白看見吧！

最盛大的宴會，是由王和貴族們開的。英國的各地方，都各有一個王。但有時則有支配英國大部分的霸王。

六四　羅馬的浴場

羅馬以及意大利的其他都市，都有可以洗

冷水浴和熱水浴的公衆清潔浴場。

孩子們受着優待可以免費進浴場。他們在水漕裏，跳跳、游游，當然是很快活的。

至於大人呢，雖不要許多錢，但總須付一些。男人進去，要交付合現在一仙令差一些的費。婦人付二仙令光景。做官的，或是在預備做官的人每次所付的浴費，常常等於大人幾星期以至幾月間所付的。

一時，羅馬有一百七十左右的公共浴場。到四百年後，已達到千數了。浴場的天花板，用美麗的大理石花崗石的圓柱支持着，用有花紋的石塊，把地面砌成種種圖案，壁畫和彫像，簡直有宮殿的氣象。

大家幾乎不是爲了洗滌身體而到浴場去。他們常常喜歡和聚集在那邊的人閒談，還喜歡躺在安樂椅上養神，或是在圖書室裏讀親筆抄寫的書籍。

五 封建社會

一 中世紀的農奴制度

「扯起吊橋呀！」

這是中世紀時代，無論那一個城堡裏常常說的話。當時領主常和鄰國起糾紛，而且糾紛一起，隨即發生戰爭，在這種戰爭中，敵人攻近城堡時，吊橋便扯起。

什麼是吊橋想來你們是知道的，但看了下面的圖，一定更加會明白些吧！圖是中世紀的某藝術家所畫的，在城的外側看到一座小橋，架在城周圍的黑圈上；這黑圈就是城濠，城濠裏常常蓄着水。掘這種濠的作用無非使敵人不能走近城腳來。不戰爭時，城中的人們，當然要進出的，因此便有建造吊橋的必要了。

圖中是六百年前的城。城到底爲什麼造成這樣奇妙的城呢？這頗不容易說明。那時造城用的普通材料，是石塊與磚瓦。用木料造的城，幾乎是沒有的，因爲那容易被敵人燬燒。

中世紀之城

領主住在城裏，有種種權利。住在城周幾哩內的人，都是他的借地人。這些借地人，「叫做農奴」。他們必須終身住在領主的土地上。

領主自己，決不去做田地上的工作。倘若你去問「你爲什麼不做呢？」領主一定像下面這般叫罵：

「你發瘋了嗎！想我做事情來弄齷齪手嗎？我是領主呢，我是生來就有供養我的人呢！你別提出這樣的呆問來。」

二 農村的形成

農奴們漸漸聚成小村落，而且許他們有自己的家庭了。那些村落，總在離主人的城不很遠的地方。農村中央有一道灣曲的大路，兩旁緊挨着建造住屋。有時，領主爲戰爭時保護他們起見，在村落的周圍，用石城圈起來，把村落當作有價值的一分財產看。

貴族間的戰爭，往往非常猛烈，凡是同國或同地方的，領主和男爵，都對敵人派遣軍隊；侵略者常把農奴所種作的稻麥蹧蹋。倘若能夠辦到的時候，他們要把村落燒去。貴族們化費了金錢來建造保護村落的城垣，就是爲此。

農奴們當自己的穀物失去時，就陷於可悲的境地中了。冬天來到差不多連食物都沒有。有些地方，到森林裏去拾取橡子，把牠炙熟曬乾，研成一種麵粉似的東西當作食料。如果農奴所住着的土地的領主，喫了敗仗，那末戰勝的領主便奪取了幾個村落。農奴們因爲是附連在村落上的，也像對舊主人般替新主人操作了。

在長長的期間內，能使村落獲得自由的，就是戰爭。作戰的領主，不能不使用金錢，所以他們便走向村落去對他們說：「如果你們給我多少金錢呢！我可以使你們對我的義務，免去一部分。」

農奴們因此把各人不多的儲金搜集起來，交給領主了。他們便受到更少的報答。大概他們本來一週間要做四天工的，現在可改作三天了；到後來，他們也許再拿出錢來，贖買所剩的自由日。有些村落大概經過這種手續，便由領主這裏得到完全自由了。

別的村落也有用別種方法來獲得自由的，在戰爭最起勁的時候，他們便同敵人一樣，進迫自己領主的城垣。於是堅固的城壁，便由農奴們代領主使用了。但當這時，領主大抵將戰事中途停下來，去反攻叛逆的村落。如果農奴這時候失敗了，他們便要受非常殘酷的處置了。

三　一般人的生活

當騎士和貴族們在宴會、跳舞或戰爭的時候，另一方面的人們卻在做這世上辛苦的工作。城周數哩以內，都是領主所有的土地，住在這些地上的人，便要從朝到晚，毫無興趣地做很辛苦的工作。他們就是農奴。他們比奴隸生活略略好些。

兩個法國的農奴。在做割草的工作。左方這個人是拿着大鐮刀。

農奴們住在小房子裏，他們沒有自己的住宅，而且連占有土地的希望都不能有的。他們的運命，就是耕種田地和照料山羊、綿羊、牛、馬等。若沒有領主的命令，不許移住別處。

在歐洲各地，有農奴不能不守的種種習慣。有時他們不能不把收穫的一部分，送給領主。有些地方他們所耕的土地，算是自己的，一切的收穫也是自己的；不過每週要費三天或四天的時間到領主的地上去作工。那些地上的收穫，都是領主的。

當時種作的主要穀物是大麥、燕麥以及小麥等。喫的麵包，就是這些東西做的。祇有領主，可以喫小麥製成的白麪包；農奴祇好喫黑穀粒製成的麥粉。

農奴的家庭裏，不論那處都把自己的穀物研粉，製饅包來喫。間或有些領主，在農奴的村落中設立一所公共麪包場。農奴們可把粉搬到那邊去，燒成麪包。

為了這種麪包場，要收一筆特別稅。在當時歐洲麪包分成為二十幾種，有神父麵包、玆羅夫騎士麵包、還有執鎧麵包。而且這等麵包形式既各異，實質也不同。

左方的農奴拿着祇尖端鑲金屬而全部是木質的鋤頭，還有一個在使用粗劣的鈀

四　農奴的勞働

我們眞幸運，還可以看到表示農奴操作情形的許多畫。一幅畫是四隻牛在拉一架犂，一個人握住了犂柄，還有一個人用鞭趕牛，耕過之後，農奴們便去打碎剩在地上的硬泥塊。在圖裏畫着的是一男一女在用木槌敲碎泥塊的情形。但是較好的方法，是用一隻牛或馬拉着碎土機去碎土塊的。在圖

裏，碎土機的後面，有一個男孩。正在用石子擲鳥。那個小孩子是使用「投石器」的。手裏拿着許多石子。因爲鳥是要喫撒下的種子，常播種時期，是不能不去趕的。

當割取雜草時，常常要用到鐵鈀和鐮刀等傢伙，這種工作大都是婦人的工作。

農奴們正在做工作

當收穫時期，婦人們又須到田野去用短柄的鐮刀刈取穀物。

五　中世紀的工商業

廟會，在一千多年前，歐洲已通行了。這原是從宗教上的祭典產生的。僧侶們於舉行祭典時，在某市召集農民，農人們都到這市上去遊玩。商人們知道市上要有許多客人來，便熱心地打算出賣他們的貨物。祭典使漸漸地變成可以出賣各種貨物的廟會了。後來爲了吸引更多的人起見，於是雇起魔術師來號召。

法蘭西各市中，拉台是以廟會著名的。每年六月，有十五天的會期。歐洲各地的貨物，都運到這裏來，這廟會中，有名的貨物是羊皮紙。羊皮紙用羊和別種動物的皮製成，可以寫字，在中世紀到處被採用。巴黎大學的學生們，也常常爲買羊皮紙而排成隊伍，到拉台廟會中去。

六 鎧皮鞋理髮店

當亨利八世時代，騎士已逐漸衰滅。火藥的發明，使着鎧的騎士終究難敵持有手鎗的步兵。因此騎士消滅；所殘留的，僅足以引起懷古之感罷了。

鎧店

但當時還有喜歡槍、劍、鎧等的富裕而怠惰的貴族。爲了應付他們的定貨，許多好的鎧匠和劍匠仍舊忙碌地在工作。

這裏所附的一張插圖，是一個鎧匠正在做工。他用鎚敲打一片金屬。桌上有三個冑和若干鐵片。一邊像活人般立着的，是全身着鎧的立像。人着了這樣的鎧，難道還能呼吸嗎，眞覺得奇怪。

還有一張圖，是皮鞋店。說得更確切點，實在是 slipper（就是拉開來穿的皮鞋）工場。這時所通行的鞋，比別的更像 slipper。請你們細細地看圖中畫着的鞋子，你們就將知道這些鞋子不是用帶子繫的。這事可以使你們明白 slipper 這個字，是從什麼地方產生的。

鞋店

桌邊有兩個人在做脚型。當時還沒有做這種工作的製造場。皮鞋和套鞋，都是用手製的。在那邊尋不見針和錐，柔皮片片，全部用線結起來的。這店又是出賣皮鞋的商店。你們看，一個婦人正在細看由一個店員交給她一隻 slipper。

中世紀的理髮店，也是兼做各種生意的。不僅是剃髮修面，他們還兼營浴堂營業；有時做內外科醫生，替人診脈。他們認為放些血就能醫好的病，便施手術了。有時，使客人的傷處癒合而治療的。

這書裏所附的一張插圖，是亨利八世時代的理髮店。一個理髮匠正在剃顧客的頭髮。他把梳子插在耳上，衣帶結紐旁，還掛着一把短劍。客人披了一塊布，想是不要使頭髮落在衣上。椅子雖像頗上等，但還沒有同現在通用的椅

亨利八世時代一畫家所畫的理髮店的內部情況。

子一般漂亮。還有一個理髮匠在洗客人的頭像客人的頭髮已洗清水正從上方大碗似的器具內傾注下來。

在這時的理髮店已經組織同業工會了。他們的組織同業工會，就是證明他們已過着頗好的生活；想限制同業的店數了。

七　都市的發達

跟着時間的經過，有幾個村落便漸漸地增大而被稱爲都市了。這些已經不是在附近土地上耕種的人家的聚集地了。製造場、麪包店、鞋店、肉店、鎗店以及在城內做別種工的種種商人住在相離幾哩的農人們都到市內來交易。在那邊，各種東西都很簡便地賣買。於是便有出賣貨物，打算賺錢的一團特別聰明的人產生了。他們用便宜的價錢買進，用高貴的價錢賣出。這等商人們便很快的積得財產。不久，他們的妻子們，似乎也可以和城內的貴族婦人們般穿着高貴的衣服了。

那時候通用的貨幣，有時由男爵或領主的命令，有時由王的命令，用金屬製造的。銅咧、銀咧、金咧，是普遍採用的金屬。王和貴族，喜歡私下用無價值的東西來鑄貨幣。他們把外面看來同銀一樣的寶在有一部分錫或鐵混進去的貨幣製了幾百。這樣爲領主着想，自然很便宜；但是拿到這些無價值貨幣的人，便很麻煩了。

不論貴族和爵爺們這般欺騙，都市卻逐漸逐漸地大起來了。法蘭西的首都，就是從羅馬時代起的巴黎。在英吉利最大的都市就是倫敦，那時的倫敦已有三萬多人口。俄羅斯的諾市哥羅特市比倫敦大六倍到八倍。

這幅畫是中世紀的畫家畫的房屋好像畫得比實物更漂亮。牆上有許多騎馬者的圖案左手有用長繩和滑車扯貨上去的人。

倫敦和諾甫哥羅特都和加入漢撒同盟的幾個德國都市通商。大概你們對於那時交易的主要物品也有興趣吧。波羅的海相近的都市，都把鹽魚、毛皮、鐵、木材等運到南方去。荷蘭的都市，以蔴紗和毛皮而著名。北部意大利製造牧師們的法衣和教堂應用品。法國、德國以及別的地方，都製造騎士的鎧和劍盾。

在各都市中，有很多的交易商人們像前面所說般，出賣貨物。他們常常從製造場直接出賣貨物。在這種情形之下，製造場就是雇二三個勞働者，在販賣所後面用柵圈着的地方。那邊當然沒有像現在這樣的機械。

都市在歐洲發達起來，因而小旅館和寄宿舍也在許多地方設立起來了。這些旅館和宿舍，不僅作住宿用；玩骨牌咧、說書咧、飲酒咧、賭博咧，也都在裏面舉行。

沿着中世紀城垣而造的，像高大的塔的都市門。

八 意大利的都市

德國的皇帝，統治北部意大利，頗費苦心。幾乎隨時隨處要防變亂的發生，尤其是都市對支配者的為難。

米蘭威尼斯熱那亞佛羅命等，統統是和皇帝對立的大都市。他們宣布自主自立。此後另外還有幾個小都市，也照着那幾個大都市的樣做了。當然你們也想得到，德國皇帝要把這些都市收回去。但是牠們非常強硬地抵抗，反而將皇帝打敗了。

有住在米蘭的一個男子，把關於米蘭的有些事實記載了傳下來。照他所說：米蘭有二十萬左右的人口，而且有一萬二千左右的住宅。一間屋裏大抵要住十五個人左右，市裏還有二百個醫生，八十左右的學校教師。

奇妙的古畫：兩隻駱駝在運貨物到船裏去的情形，若再仔細地看，就能留意有更多的駱駝在後方運貨。

九 海外貿易

印度是當時東洋大商業中心地，而且印度有歐洲不曾見過的許多貨物出賣。還有歐洲工人做不到這般精巧的貨物出賣。

印度的加剌可（光絲布）和中國的綢緞，是歐洲人始終不能匹敵的兩種產物。印度還有美麗的紅寶石、金剛鑽、翡翠等出賣。印度相近的各島上，出產各種香料，和肉荳蔻、胡椒、生薑、桂皮、丁香樹等。東洋還出產硼砂、大黃、漿、椰子以及蓖麻子油。

東洋大部分的貨物，經過威尼斯和熱那亞港而運到歐洲來。這等都市的航海者，和君士坦丁堡及埃及的亞力山大利亞的商人們通商。

從印度運貨物到埃及和君士坦丁堡來，必須費去許多苦心，至少有些地方必須騎在駱駝背上，渡過沙漠。裝貨在駱駝背上的商隊，常常被一隊土耳其人所襲擊刼奪的。

到往印度的海道尋得後，海外貿易便更興盛了。

一〇 中世紀的工具

中世紀住居城內或宮殿中的大部分貴族婦人，至少做一些有用的工作，這已成爲習慣了。像紡綿紗等便是喜歡而通行的工作。

當阿腓力大王的時代，英國的婦人彷彿是「紡紗人」的意思，英國的男人彷彿是「執鎗人」的意思。

但是已結婚的婦人們，大部專事養育孩子，不再紡紗織布了；反之，姑娘（英語叫做spinster就是紡績女，或紡績工的意思，後來便當做未婚婦人意義用了）是常常不離紡車的。

那時差不多一切婦人都知道織布的方法，布疋通常是用羊毛、棉花、苧蔴做的。雖有絹綢從東方輸入，但這必須是非常富裕的人，方纔能穿在身上。

在這裏的一張圖，是一個婦人在用紗織布。她所用的機械，叫做盧姆，就是織機。她像圖裏這般，是用手按着織的。她因爲不要使紗纏亂，祇得用手敏疾地活動。

還有一張圖，是四個女人在做工。一個拿大剪刀的，大概是家庭中的主婦。

婦人的織機

大剪刀的形狀，很爲奇妙，這是剪取大塊布疋時用的。右手兩個青年的女子，在那裏紡紗，她們代紡車用的，是捲紗竿，這捲紗竿，光是一根竹桿，牠的周圍纏着羊毛或亞蔴絲等，而且這些連着已紡成的紗線上。

婦人們織布的技能，雖非常嫻熟，但常常做同樣的工作，當然難免厭倦，於是製掛毛氈，便成爲有趣味的工作了。所謂「掛毛氈」就是繡花的厚布。

紡紗和剪布的婦人。

最初，掛毛氈祇教會裏用的，這些上面繡着基督和瑪利亞以及聖徒的肖像。但是到了後來，壁上不掛掛毛氈的城市，幾乎找不到了。城市裏使用的掛毛氈上，貴族人常繡跑馬的騎士咧、獵人咧、戰場上的兵士咧，這種圖畫。

當時最有名的掛毛氈，叫做「培矣由克斯掛毛氈」，是二百英尺左右的狹長布。這樣長的布上，繡着威廉和他的船，以及他的兵士，在哈斯但克斯和英國打仗。

王和貴族們是愛黃金色的他們覺得這種顏色很富麗據說有時姑娘們拔下頭髮來當做線繡，當然這是姑娘們替愛人繡什麼東西。

二 火藥的使用

火藥的發明者大概是中國人由中國傳到小亞細亞那裏的撒剌遜人學會了這種知識，並且還加以改良。

當女傑若安時代以前，火藥已傳到歐洲而且已經有些人在從事更加以改良了。這些人裏面，有一個名叫羅徐耶培康的僧侶。他在火藥裏面攙着別的什麼東西，當做玩具因此便製造很美麗的煙火。

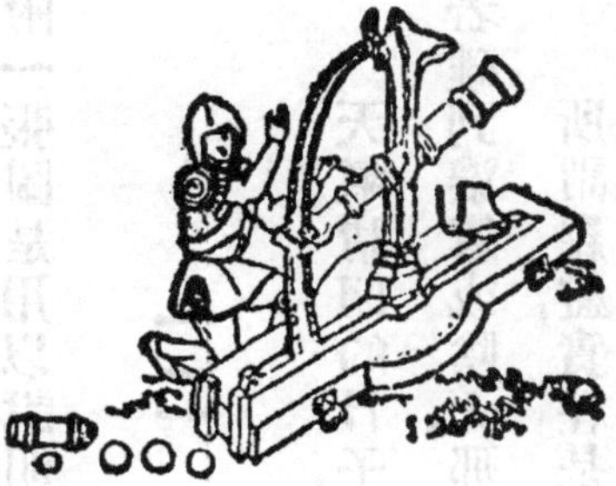

這種大炮是因爲有發火花的筒而便利的銅彈鐵彈和石彈同樣地被使用的。

在這時候，已有許多人想用牠來殺人了。大家知道如把火藥塞在小的容器裏着火是要爆發的，於是先做成短短的像放煙火的筒般的炮身在這裏面塞進火藥和石塊，再用火點着火藥使石塊向筒的對方飛出去。

輕便大砲發砲時的樣子，右邊的人，是在點火。

粗笨的短砲瞄準既費力移動又不容易，所以法蘭西人便研究製造瞄準和移動都很便利的小砲了。一千四百十一年，勃艮第的公爵，已有四千個拿手砲的，這等手砲，就是可以用手拿的長筒。這裏所附一張圖，是用以說明他們施放的方法的。

二 羅盤的使用

天氣晴朗的日子，航海者日間可以由太陽的位置，夜間可以由北極星的位置去辨認方向。但倘若碰到濃霧或陰天，那就非常困難，如果沒有羅盤，船將迷了航路，走向錯誤的方向去了。

所謂羅盤，實在是帶有磁鐵的一根針。把牠裝在樞軸上，針的一端指着北方。知道了北方，那末東南西三方也很容易明白了。這種羅盤，起初是在亞細亞，大概是中國發明的。在歐洲人未用以前，中國的航海者早早使用了。

歐洲的航海者，使用羅盤已在中世紀的後期。對於航海者有很大的幫助，使航海平安，而且沒有「沿岸航海」的必要。

三、書籍與印刷術

現今我們所用的紙張，價格非常便宜，但是在中世紀呢，紙是非常高價的東西。你們如果生在那時候而有一車的紙，那你們可以算是了不得的富翁了。

大概你們也還記得埃及是最初發明紙的地方，埃及人叫牠拍披剌斯，是用了產生在尼羅河邊的蘆草製成的。

歐洲人在數百年間使用這種埃及紙，雖格式很整齊的，但後來漸漸地不容易求得了，於是有許多人便用羊皮紙來作代替物。羊皮紙是用綿羊山羊及仔羊等的皮製成的，現在還用作大學的卒業證書。某時有人聽到一個大學生這樣說：

「我是將取得羊皮了」。這當然是取得卒業證書的隱語。

婦人在抄寫。婦人是用羽筆的。在他的脚邊有兩册書。

羊皮紙的製造頗不簡單。先把羊皮在石灰水裏浸一刻兒，然後將他削平研光。但這種工作，不一定做得很周到，所以對案抄寫的人，有時還得拿出剃刀來把羊皮紙上厚的地方稍稍削平。有時並須把剩下的短毛拔去。

這種羊皮紙用一色或幾色塗染，最常用的是紫色與黃色。用紫色紙時，就須黃金色或銀色的墨水來寫字。

距今一千多年前，新種類的紙，輸入歐洲了。這大概是從中國傳去的。但這種紙質地很鬆，不宜於寫鋼筆字。後來發明了用破布製造的紙，那就比較好了。這從什麼時候起已不能確實知道。最古的紙，大概遠在千三百十五年的時候。

一四　中世紀的裝訂

中世紀有兩種書本，一種是捲本，一種册本。

捲的書本，早就通用了，是寫在埃及紙或羊皮紙的長條上的，平常總是捲着。

册本的書用正方形或長方形的紙訂成，起初使用的只限於一部分羅馬人，到了中世紀，還不爲一般人所通用。這些書比現在普通所見到的書本來得寬大，裝訂很堅固，式樣也好，書面上記着書名或題目。

這僧在皮紙上寫字，皮紙是用犢皮做成的，而且和羊皮紙非常相像。

價目便宜的書，訂在兩板的中間，但富裕的人，用象牙或鞣皮做書面，而且常常把寶石和黃金鑲嵌在書面上，這無非要表示自己的富有。

某法蘭西王，有書面上鑲着五十八粒大眞珠的祈禱書。某本軍棋書籍，還用綠色的絹做書面，裝着紅白的草花。

天鵝絨當時也當作書面用的。書面中用厚紙或薄板作心。當書籍合着時，用黃金或白銀的扣，或柔皮的細紐，把書縛好。

這等書，怎樣做成？用手抄寫，又怎樣費事？想和你們講講：某富翁，想造一所好的圖書館，於是雇了四十五個人，專門抄寫書本。差不多抄了二年光景，好容易抄成二百本書籍。

這種工作，大部分由僧侶們擔任。意大利、法蘭西以及英吉利，到處都有僧侶們的抄書團體，而且有許多地方教會和希臘、羅馬學者們的著作，由這些僧侶們手抄的。在羅馬統治下的僧侶們，是用拉丁文抄，在君士坦丁堡統治下的僧侶們，是用希臘文抄。

這種古書，現在還有一部分保存在圖書館和博物館裏。有幾本眞抄寫得好，直要使你喫一驚。文字也像後來發明的印刷機所印的一樣，非常清楚。

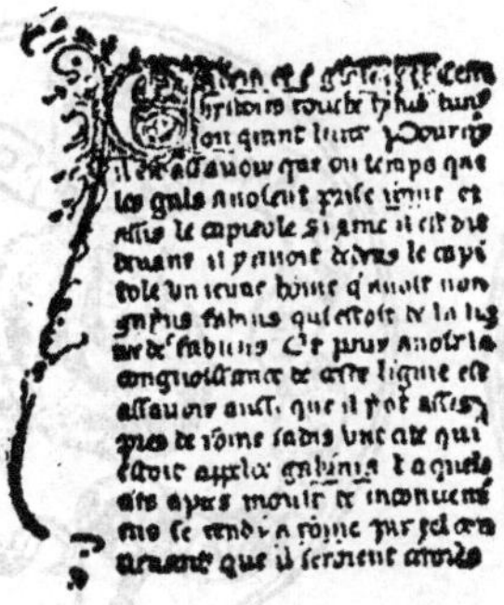

中世紀上等手抄本的標本，完全和普通印刷物相像的整齊文字，但還的確是用手抄的。

中世紀的其他書籍，倒不是那樣好的抄寫的人不注意，常常有抄錯塗改的地方，所以關於「聖經中所說」就有種種意見辯論的了。

一五　最初的木版書

如果叫你們把同樣的畫畫二三十張，那末我想你們要厭惡這工作了。然而這種笨工作，中世紀的藝術家，常常遇到的。他們爲了許多同樣的手抄本要畫許多同樣的畫。

在好久的期間內他們不明白該怎樣做。給他們一種線索，使能夠補救這易於厭倦的工作，這大概是從中國學來的知識吧！中國人是應該擔當發明木版術的榮譽。

中世紀末期所印刷的兩個徽章的圖案。

「木版是什麼呢？」你們一定要這樣問了。

這就是彫一幅畫的木板。在這彫畫上，塗一塗墨水，去捺在紙上，那就成爲版畫了。

中國人比歐洲人早幾百年，已經用木版製版畫了。這也是由旅行者帶到歐洲去的，總之在五百年前，歐洲方面也用木版了。畫是怎樣彫上去的呢，你們對於這事一定是很有興味吧！

下面這樣方法，是一般所通用的：

某張畫描在透明的薄紙上，再翻轉貼在木版上，畫圖的人或別人拿了快利的小刀，把沿線兩邊的部分削去，祇留着線下的部分，把線和線之間的木質，一齊削淸爽，這就彫成了。在這樣彫成的木版上，塗了墨水，刷在紙上，同樣的書可以很簡便地印成幾百張。

起初歐洲祇用木版來印有聖徒像的紙牌，以及有花紋的起頭字母，起頭字母是印在書中每章的起頭處，別的文字，都用筆和墨水寫的。

早就有一册聖經印成了。這書大部分是圖畫。但是各頁上也帶着幾個文字。這種文字，也是和畫同樣印刷的。這書的目的，並不在把聖經中的言語，一句也不遺漏地記載，實在是一種圖畫故事，這本書都知道是「木版印刷的書」，這當然是用滿滿地刻着圖畫和文字的木版所印刷的。

一六　活字的發明

木版印的書籍，立刻在歐洲各地流行了。無論德意志、荷蘭、英吉利，都用得很多很多的木版書。在法蘭西雖也造了些，可是不多。印刷這種書籍最忙的，要算荷蘭了。在荷蘭所印的許多木版書籍，現在還有保存着。在那時荷蘭有一個印書匠名叫加斯脫，是住在哈連姆市。據說他至少已刊印了四十六册書籍，有些到現在還全整依然地在那兒，別的祇剩幾頁了。

關於加斯脫有非常有趣的話傳下來。歐洲使用活字的第一人，大概就是他。專門家將他所印書籍，加以詳細的研究後，便說同型的字，許多次用在那些書上。

「活字」最初是用木質刻成的木字，這等木字沒有像現在金屬質的這般堅固，也不連在一塊硬板上，是一個字一個字拆得開的，這些活字就是印刷了這頁書之後，還可以用在別書別篇文章上。

然而不到幾年，大家便想出用金屬做活字了。先將字的形狀，刻進木材裏，再把溶好的金屬汁澆進去。金屬冷後便凝成一個字型。

在印刷術改良的故事中，接着加斯脫而來的，就是哥登堡，他住在德意志馬因斯地方。有些學者們，把歐洲初用活字的榮譽送給他。但是這種榮譽，即使不是加斯脫，似乎也該歸荷蘭的印刷工人纔對。

哥登堡是印刷術的偉大發明家。

哥登堡的生涯，是苦鬬的生涯，他因爲要創立印刷工場，什麽都拋棄了。他到所有金錢都用完時，便向一個名做夫斯脫的人借錢，到後來夫斯脫便去控訴，要求追還金錢，但是他交不出。因此工場也祇好停閉。

然而這回事，並不使他絕望。他把自己的計劃，對別一個人說，借得了足夠重創新工場的金錢。這時他改良印刷術，得到很好的成績。到這時在歐洲方面印刷術上當然起大改革了。

一七 意大利和英吉利的印刷工人

幾個德國的印刷工人，離開自己的故國到意大利去。他們在意大利開設印刷店，應用新式活字去印刷書籍了。

威尼斯和羅馬，是印刷事業最有名的意大利都市。在威尼斯所印刷的書籍中，有青年姑娘的禮法一書。這是袖珍本，有一百八十張，就是三百六十面。這時意大利的其他書籍，大都是希臘、羅馬人的著作。

在英吉利最初印刷的書籍，是由卡克斯敦印的。卡克斯敦住在比利時的京都不魯捨拉學習鑄造金屬活字和印刷。他在不魯捨拉住了三十多年，曾經自己開設印刷店。他最初印刷的書籍，是關於托羅城的歷史的書，這是由法文翻譯出來的。

卡克斯敦在這本托羅史的附記中說：

你們若仔細地看了這張畫，大概中世紀末印刷店的情形總可明白了吧！一個人在活字上塗墨水，兩個人二塊兒在收拾活字。

「於是我的書籍告成了。我是儘量清楚地翻譯的，我的筆尖磨平了，我的手腕疲軟了。我以非常的努力，印成了這書，恰像你們所看到這般。這本書裏沒有像別的書那様用鋼筆墨水寫的字，全紙面都是印刷的。」

我已顯明地將卡克斯敦的話寫過了。他是

用古代的英文寫的古代的英文，寫法方面，和現在通用的大不相同。卡克斯敦把這些話印刷在卷首的附記內，其中還帶敍着關於自己青年時代生活的若干事。

發行托羅史之後，經過一兩年，卡克斯敦回到英國去了。卽在英國他也非常熱心地提倡印刷事業。他在一生中，製成了九十六卷書籍。亞撒王的故事，和恩他培利故事，是他所印刷的書籍中，最有名的書。

在當時，印刷事業，英國也和歐洲其他地方同樣，成爲忙碌的工作。書籍因印術的普及，而逐漸廉價。從前只夠幾百人買的東西，現在可供幾千人購買了。讀書的人，也逐漸增多。但是歐洲半數人認識字；還在幾世紀以後呢。

一八　最初印刷的報紙

你們去查一查有新聞記事意義的「紐斯」(News)這個字看，那末將知道牠是由表示四方的，North(北)East(東)West(西)South(南)四個起頭字母拼成的。有些人早已留意到這樁事而創立 News 由這些字的第一個字母拼成的一說。當然因爲記事是由各方搜集攏來的。然而還有一個編辭書的人，說「紐斯」(記事)是從「紐」New(新)字孳生的，我們想來是的確的。因爲「紐斯」就是最近或是最新事件的報告。

在中世紀時，爲了住在田舍間的貴族們起見，常常有人設法從巴黎、倫敦這種都市裏，抄寫「記事報告」。

然而這時印刷術已採用了，要發表自己思想的人，就是不用手抄，也可印成小册子。但像馬丁路德和許多僧侶們都抄寫過宗教的小册子；別種人也鈔過關於政治和帝王的書籍，因爲那時這種小册子，還不能順利地出版。

這是報告議會事件而特刊的初期倫敦報紙上的漫畫。

一方有許多人，想每月印一回二回，或每週印一回二回，這樣漸漸地印成許多册子。大家把時事也同思想一樣附印上去。「大約近來有那種思想起來了呢？」因爲要想知道，大家便去買那種小册子，來讀著作者的思想。到底在那裏最早印刷報紙，和具有報紙性質的小册子呢？這是無法知道的。大概倫敦和巴黎最先，倫敦大概又比巴黎早些。英國博物館還保存着奉依利沙伯女王之命而印刷的三張報紙，這是西班牙艦隊，迫向英國時印刷的。本週新聞是經過二十五年後，由英國人步茲泰發起的，內容以社會瑣聞爲主。

一九　馬哥勃羅的旅行

這是六百多年前的事，威尼斯港到了三個衣服襤褸的人。

「你們叫什麼？」大家這樣的問。

「我們的名字叫做勃羅」這樣回答。「我們本來是住在威尼斯的，已到幾千哩外的中國去過。我們在印度北方住了好多時，和東洋大皇帝鐵木眞元大帝做朋友」。

「眞的嗎？」大家聽了叫起來。「不對！唉唉！怎麼能相信你們的話呢！你們也不像什麼國王的朋友，如果是王的朋友，你們就不至於穿襤褸的衣服了」。

那時三個疲乏的旅人說了：

「我們開會吧！大家都請進來，這樣，我們可以提出和國王做朋友的證據」。

會開了，自稱勃羅的三個人，脫去破碎衣服，他們身上竟穿着煇煌的外套和高貴的衣服。

客人們心想：

「這是非常漂亮的，但是著了華麗的衣服，也未必便因富貴而和國王做朋友」。

那時，襤褸的罩衫，是放在櫈子上的，把他仔細看起來，纔知道這兒那兒都有奇異的縫跡。一個人把縫線割開來看，列席的人們，都喫了一驚，眞珠，紅寶石，以及各種的寶石，都從縫跡裏滾了出來。

「這些寶石是」一個勃羅說。「是我們從東洋帶回來的財寶元大帝給我許多黃金但是因為把那些東西拿到這裏來太累贅了，就去買了橡子上的寶石。」

客人們都驚奇越看越覺得旅人所講的情形是真的了。

從前勃羅們住在威尼斯大家只當他們是富有教養的市民，實在他們是當時最偉大的旅行家，他們叫尼可羅馬夫呵和馬哥。

威尼斯那時是熱那亞的競爭者。雙方都市的商人們，都為了賺錢而和外國通商。有時竟發生戰爭。有一次戰爭是在勃羅們回國之後。尼可羅的兒子馬哥是參加海戰的。但是他的船被捕，他也做了俘虜，帶到熱那亞去。

馬哥的父親，聽到這椿事，想拿錢去贖，也不成功，終於被人送到監獄中去。

然而過了不多時，馬哥勃羅的名聲，在熱那亞市內傳播開去了，大家都到他的監獄裏來，聽他講奇怪的旅行故事。起初馬哥對於這些來訪者是歡迎的，後來他因屢次講同樣的話，厭倦起來了。他便寫成一本書，想由大家自己去讀。

這書叫做馬哥勃羅遊記，不是印刷的是「馬哥勃羅口講，」友人們把他的話記錄成的。

此後不多時，馬哥勃羅被釋放，回到威尼斯了。

二〇 馬哥勃羅的中國旅行

馬哥勃羅受得他父親尼可羅和叔父馬夫呵的影響也不少。否則，大概不會出去旅行的。他是這樣去的？

尼可羅和馬夫呵，到君士坦丁堡去，暫時逗留在那兒。那時馬哥還是嬰孩，和母親一同住在威尼斯。他的父親和叔父還想再從君士坦丁堡向東方去旅行，走了兩三個月路，碰到一隊人，聽到這樣的話：

「爲什麼你們不去會會元大帝呢？大帝是很想會會歐洲人呢！請去吧！大帝一定優待你們。」

兄弟們因此繼續走去，終於他們去訪問元大帝鐵木眞了。大帝見了他們，非常喜歡，詢問關於歐洲的各種事情。

尼可羅和馬夫呵，在元大帝那邊住了幾年，大帝叫他們回到歐洲去見神父，想請神父派基督教的傳教師到中國來。經過這樣悠長的困難的旅行，兄弟們又回到歐洲了。回來一看，神父已經死了，繼任的新神父還不曾選定。於是他們暫時回到威尼斯。這時馬哥十五歲了。當他的父親和叔父再回到中國去時，他也同到中國去。

這時新神父已經選定，他對於向中國遣派傳教師一事，也頗有興味。

但非常爲難願去的牧師只有兩個於是兩個牧師和三個勃羅們便出發長途旅行了。在走了沒有多少路程的時候牧師聽到經過的地方正在舉行戰爭他們怕起來便中途停止但是勃羅們仍舊繼續前進在再見元大帝之前他們費去了三個月以上的光陰。

鐵木眞重見勃羅兄弟們非常喜歡勃羅們把雖已伴了傳教師來偏又落空的情形告訴他。

「這個同來的青年是誰?」元大帝問。

「這是我的孩子馬哥。」尼可羅誇耀似地說。

他們在宮殿裏住了幾年元大帝非常喜歡馬哥叫他做各種使臣派到各遠方的國家去從各國回來馬哥便把自己所看到的講出來鐵木眞非常開心因爲關於各地的山川形勢風土人情他什麼都知道了。

二 馬哥勃羅的土耳其故事

馬哥勃羅的書籍裏所講述的大部分是東方民族的風俗習慣他所講述的民族中有土耳其人和蒙古人且把他所講的引一些在這裏吧!

「他們是崇拜那台額神他們說這個神是保護自己的孩子家畜穀物的不論那一家都有毛布或布造的神土耳其人喫飯時拿了肥肉去擦神的嘴再把這塊肉去擦妻子和小孩們於是擠這塊肉,

把瀝出來的湯汁，散在門口。這般做了，他們以為神和自己的家族們，都已喫過豐盛的菜餚了。

「土耳其富人的衣服，大部分是金線和絲的織品，用灰鼠、貂、狐等高貴的皮統做裏子。

「不論誰，若犯竊案，便用鞭打七下，十七下，以及二十七下，或更多的，這是辦罪的方法。鞭的數，直到一百另七下。若是偷馬的賊，用劍殺死，但這賊若能交出馬的九倍價值，便可由死刑赦免。

「牛、駱駝、馬等，沒有牧人，自由放在草原上。為了分別起見，這等動物身上，附加了主人的標記。牠們卽使一塊兒喫草步行，也可以用這些標記來區分。」

東洋人拉弩弦的情形。這是在馬哥勃羅著作中的。腳的數目的正確，但誰的腳是分不明白了。

這裏再把他們的一種有趣習慣介紹一下：

「有時，自己的姑娘，在結婚之前死去了，如對方的兒子，也在結婚之前死去，他們為了已死的兒女，便舉行盛大的結婚式。這種結婚式，是模仿正式的做法。婚書也寫起來，而且把牠投入火中。這是為了使靈魂在陰世成為夫妻。這種結婚式，還有所謂聘金的。可是這實在是奇妙的東西，因為這種聘金是描在紙上的，這種紙用火燒去，以為可作陰世夫婦的財產。」

馬哥勃羅的遊記，由許多人抄寫，不久便在歐洲各地傳誦了。

三一 亨利王子和航海事業

我們現在可以學得關於地球的許多知識，眞是幸福。我們知道地球上各大陸和海洋的面積和形狀。在現今差不多地球上已沒有未經人探險過介紹過的地方了。

然而在中世紀的時候，卻和現在的情形大不相同。關於亞美利加洲，和澳大利亞洲什麼也不知道。像阿非利加洲，也只曉得一小部分僅僅北方——就是埃及人和莫耳人（從西班牙渡過來的）所住的地方。而且大家都還懷疑着阿非利加到底是否大陸？有些人想沿着海岸（地球的邊）向南方航行。

葡萄牙的亨利王子

有一個傳說，當羅馬還祇是一個荒村的時候；埃及某王，遣派幾個航海者沿着阿非利加的東岸，向南方去的。這幾個精疲力盡的埃及人，於三年之後，繞過徐步剌兒太兒而探察阿非利加的南部。

聽到這傳說的人，在歐洲也不多；就是聽到，大概也沒有相信的人，然而要想知道阿非利加，而熱心研究的人，總不該沒有吧！葡萄牙的亨利王子，就是其中之一。亨利王子，是葡萄牙人和英國人的混血兒，他的母親，也是女王，她結婚之後，從英國到葡萄牙來。亨利是第三個王子，他不久一定可以做葡萄牙的王，但他還抱着比葡萄牙王位更大的願望。他是一個不愛裝飾的人，有人會把他當醜陋人看也說不定。他的心裏充滿了偉大的思想。他思想中的主要部分就是海和海邊的陸地。

如果亨利是一個魯莽漢，那末也許他要預備一隻船，任憑吹送到「黑風海」上（當時的大西洋通常是這樣叫的）到處航行了，但是他並不這樣，他只切實研究和訂立計劃。他自己住在波濤洶湧的海邊的小城中，在那邊招集許多學者。他最得力的重要客人（學者）大概是撒剌遜人和猶太人。他們在討論如其由大海向南方進行，征服那些地方，而作阿非利加的研究，那末應該作怎樣的航海預備。

三三　島的發見

葡萄牙亨利王子，要明白地球是怎樣形狀而着手研究時，他這樣說：

「派出去航行的船裏，必定要帶羅盤的。」

把當時最好的羅盤，放在葡萄牙船裏。亨利自己雖留在葡萄牙，但常常派遣別人去航行，而且當派去航行的人囘來時，他很喜歡聽他們講所見所聞的事情。他爲了幫助船長們，把地圖送給他們。這等地圖，當然不是很精確的；但就那時所畫的說，也算頂好的了。

葡萄牙船。最初的成功，就是發見了離阿非利加海岸二三百哩的一個島，這就是葡萄撒脫島；是在亨利王子的執鐙者玆亞兒可和白玆指導的一次航海中所發見。

眞是奇怪的事，這個島是偶然發見的。乘船的人雖想在阿非利加海岸停泊，忽然碰見了很利害的暴風，他們就被暴風吹到葡萄撒脫島，纔救得生命。

亨利王子，聽到他們的發見，非常喜歡，決計移民到那邊去。他又送糖甘蔗和葡萄等去，使他們種植起來。然而又有一天，玆亞兒可在西南方的地平線上看見一條黑線，他立刻就想到：這是新島吧，便開船過去一探究竟。果不出他所料，的確是一個島；這個島上，有高大的森林遮蓋着，這就叫做馬得拉島。

二四 哥倫布的話

當亨利王子，在阿非利加海岸派遣航海隊最起勁的時候，意大利也發生一件重大事件，獨迷尼可哥倫布的家庭裏產生了一個兒子，這孩子如不叫他克利斯多福亞拉斯哥倫布，也可叫他更簡單的克斯多福哥倫布。我們不知道他究竟生在什麼地方，也不妨說十五個意大利都市和村落，都是他的生地。

不管他是生在那裏，他的少年時代，住在熱那亞的大港左近。船隻不斷地到港裏來，水手們常不倦地講海上的故事給人聽；我們可以相信哥倫布那時是常常有機會坐在水手膝上，聽異國的故事。

他只十四歲時便出去航海了。而且此後十年間，大部分在地中海上航行着。說他曾加入過海盜的隊伍，雖有幾分可信，但也不知究竟怎樣。

哥倫布常常在海岸逗留幾個月。這時，他便利用閒空的時間去研究學問。在青年時代，他學習讀書寫字；他遇到了意義不能十分明白的時候，一定盡力研究，直到充分瞭解爲止。

他所讀的是什麼書籍呢，你們可知道嗎？

這等書籍，是關於旅行、海、地球形狀的書籍。

馬哥勃羅的書，也是他所愛讀的一種。

像你們所知道這樣，古代希臘的某學者，也說地球是像皮球這般渾圓的。幸而這種書籍，到了這青年水手的手裏。因爲這是用拉丁文寫成，哥倫布也會得讀的。

「如果地球是圓的呢，」他心裏想。「那末不向東去而向西向西走去，大概船也會得到印度的吧！」

他抱着這種思想，到葡萄牙的里斯本去住了。他有一個弟弟，住在那邊，是以製地圖爲職業的。

那時，亨利王子已經死了；但葡萄牙人還很熱心地沿阿非利加海岸航海。哥倫布最初被雇作船員，好幾次向赤道相近的，遙遠的南方航行。

二五 西班牙女王的後援

此後兩三年間，克斯多福哥倫布毫無事事地過活。大概王也從自己的財產中給他少許的金錢。他有時也參加對莫耳人的戰爭，因爲參加過戰爭，勿迭南及伊薩伯便不再肯答應他的請求了。最後有一個領主肯援助他。這個領主替他寫一封介紹書到王和女王那邊，王和女王再將他的計劃考慮，叫有學問的人們把他的計劃書毫無忌憚地批評，大部分人說哥倫布是一個很笨很笨的呆人，但有幾個是贊成他的。

王和女王，不好意思再說「不行」，這樣堅決拒絕的話了。他們答說：「現在還辦不來」，而且還附加「且等將來吧！」一句話。

「且等將來」一句話，哥倫布當然不大相信的，他鬱鬱不樂地到法蘭西去。因爲法蘭西他有一個以製地圖爲業的兄弟，是見過法蘭西王的。

他祇得帶年幼的兒子台俄在各地一面乞食一面趕路，有一天他立在尼庵前討麪包，那裏他會見了一個女王親信的長老。

這個長老，是很慈祥的人，他和這穿了破衣服的陌生人談話，訊問了他的計劃。

「嗄！」長老說。「你是抱着偉大志願的，我和女王很熟悉，我寫信給女王，女王一定會動心。（

因了他的信，哥倫布便被邀到宮裏去了。女王賜他金錢，叫他去換了好衣服來謁見。

女王待哥倫布很好，兩三個月之後，便答應了哥倫布的請求。給哥倫布三隻船，使他可以為了往印度而向西航海。他被稱做海將軍，而且說定所發見的土地上的金子，其中十分之一歸他自己所有。

哥倫布航海船之一，據說是哥倫布自己畫的。

這時南西班牙有一個保羅市，這市觸了王和女王的怒，使他拿出可為哥倫布造兩隻船的金錢，當作罰款，而第三隻船是王的財產和住在西班牙的兩個猶太人拔恩座恩兄弟的幫助而打造的。

據云女王為了幫助哥倫布，竟賣掉寶石，這個傳說，大概不很可靠。

終於在千四百九十二年八月三日，一小隊的船出港了。這是在暗黑海（就是大西洋）航行，許多船員的心恐怖得發抖。

二六　橫斷大西洋

哥倫布的船員有一百多人，他們從各國來的，其中大部分，是西班牙和葡萄牙，英國人祇有一個，別的是冰島地方的人。而且每一隻船裏，帶一個醫生，僧侶倒沒有。

上，哥倫布坐在三隻中最好的一隻。散他瑪利亞號裏。此外一隻叫做披恩太號，一隻叫做尼那號，這兩隻由披恩座恩兄弟指揮的。

和哥倫布同時代的畫家，畫了這張畫。這是表示勇敢的他們乘了散他瑪利亞號在航行大西洋的情形，在他背後的，是海中的怪物。

最長的船從船頭到船尾，還不到六十五呎光景，別的不到五十呎。這麼小的船，要開到大西洋上去了！

哥倫布和他的船員們，向加那利羣島開去。到了島裏，他們修補披恩太號。（那船的舵也壞了）加裝新的木材和水。

在加那利羣島上，有些船員們又聽到關於西方大陸的消息，這就是說陌生地的甘蔗和異種人的屍體，常常被浪頭打近海邊來。

聽到這種消息，大家開心起來，就於九月六日，離開這島，向西方繼續航行。

他們每天一面尋求可認為已近陸地的證物，一面航行着。不久有許多證物看見了。小鳥咧，海草的碎片咧，鯨魚咧，總之這等東西使心裏充滿着恐怖和希望的船員，認作陸地的證據而開心了。

據說有一時，有些船員們打算把哥倫布丟下海去，但這話無從證實。我們可以相信的，那些船員們，至少曾經有一時是成爲暴怒而難以開導的人了。

十月十一日的晚上，哥倫布已經看見可認爲陸地證據的遠遠燈火了。到第二天二點鐘，在月光之下，某船員已看出陸地的影子。

放起大砲來叫醒睡着的船員們，已向最快活的地方進行了。哥倫布命令各船拋錨，直到天明。

二七 陸地的土人

三隻船上的人都只想着上了陸地便可安全，但哥倫布還進一層考慮。他想自己的夢想已成眞實，他想已到了離印度不遠的亞細亞海邊的一島了。到了天亮，駕着小船到這島上去。當然他的心因快活誇耀而高叫起來。

船員們向對面一看，一團人羣集在海岸而小船一靠近去，這些人們便向森林左近逃去了。

哥倫布和部下們上陸，高叫道：「這塊陸地是西班牙王的。」

土人們從背後的樹蔭中窺望這些陌生人。過了一回，他們怯怯地走攏來了。哥倫布表示沒有特別加害的意思，因此他們立刻走近他而前來。

這些土人的肌膚，是紅黑色的，頭髮雖是捲毛，並不連在一起；許多因爲髮梢直而很長地披着身上。一些衣服也沒有。因爲在和暖的空氣中過活，無須衣服的。

那些土人性格很柔和當時他們以爲白人是從天上降下來的他們沒有見過像西班牙人所用這般漂亮的船帆船、白肌膚、鎧以及武器等，所看到的一切，都使他們感到驚奇。

哥倫布想和這些土人們做朋友所以他把玻璃的數珠、彩色帽、小鈴等送他們。尤其是鈴，天真的「土人孩子們」非常愛玩他們跑來跑去，跳來跳去的時候鈴就很好聽地響起來了。

哥倫布以爲已到了印度附近就把這些土人，取名「印第安」。這一個錯誤的名稱，此後竟加到亞美利加全體的土人上了。

當然，印第安人不理解白人言語。他們不能不用手勢來講話。哥倫布常常誤會他們手勢的原意，若他能夠理解他們的話，關於所發見的陸地，一定可以學得更多的知識。

這塊陸地實際就是巴哈馬島之一，橫亙在雖夫羅利達不遠的地方。哥倫布給他取了一個聖薩瓦多的名字。聖薩瓦多一句話，在西班牙語中有「聖的救主」的意味。

二八 哥倫布回西班牙

哥倫布偶然看見一個印第安人，帶着黃金的鼻環，於是他就通知他們自己要得儘量多的黃金。幾個土人，便走到自己屋裏去把黃金製的裝飾品，拿來送給白人。

哥倫布還不夠，要求更多的，土人便搖着頭，用手勢表示「有很多黃金的陸地，在相去不遠的那邊。」

哥倫布決計要去尋覓這等島。於是他向南方轉舵出發，又尋到了一個島；這島黃金不多，他們又離島出發了。

他漸次地發見了一個個的島，其中主要的，是古巴島和海地島，尤其是古巴島，非常之大。哥倫布以爲是「亞細亞本土」的一部分。

有時印第安人，坐了小舟來談話通商。他們所給的以棉線爲主。哥倫布雖常常親切地待遇他們，但終於擄了十二個人帶到西班牙去。

他們在各島之間徘徊，費了三個月的時間，後來哥倫布下令準備回西班牙去。一隻船已經遭了難，現在只有兩隻船了。遭難的船的船員們，有些願意留在一個島上，等哥倫布回西班牙後再回島來。哥倫布允許他們的請求，築一座小堡壘，而且吩咐住在這裏的人，一定要嚴守秩序。

回西班牙去的歸航，是在多暴風的時期開行的。船便分散了。在猛烈的暴風時，哥倫布總以爲自己的船要遭難了。他一面任巨浪顛簸，一面記錄自航海的經歷，放在一個小瓶裏，把這小瓶丟向海中。

雖是這樣的暴風雨，幸而船不會覆沒。他不久在葡萄牙的里斯本上陸了。到了葡萄牙，王是十分體面地款待哥倫布。

船是一直以前離開里斯本的，這回在西班牙的保羅市下錨，已是千四百九十三年三月十五日

了。從在里斯本出發時起，已經過八個月以上，而且過了幾小時，第二隻船也慢慢地到保羅市了

鐘敲起來，全市人民立刻快活地轟鬧起來。紛紛傳說，從前以爲全體已死了的航海者，現在又回來了。

二九　發斯可達加馬的往印度去

哥倫布正決計向亞美利加作第三回的航海時，葡萄牙又有一個大航海的企圖，想要繞行南阿非利加洲而到印度去。這次航海的領袖名叫發斯可達加馬，他是有才能有膽量的航海者，國王也非常相信他。

四百年前所描的發斯可達加馬的肖像。

達加馬於千四百九十七年七月帶了幾隻小船，從里斯本出發。他們直向南方開去，忽然被濃霧迷住，各船都望不見了。這時就在凱步婆台島攏岸，在這島上，他們再整頓一下，把木材、水、食物等又裝了許多。勇敢的達加馬，就在這時候命令舵手，要橫渡南大西洋向右邊過去。在以前，葡萄牙的船隻沿着海岸進行已成習慣，現在卻要拋撇海岸行駛了。這彷彿是和大海作戰。

經過了兩週，連陸地的影子都還沒得看見，有一天，被狂風吹着，達加馬所坐的船上的一張大帆，被折斷了，竟費去七十二小時的修繕時間。

不久看到「陸地已近的證物」，蒼鷺似的小鳥，在頭上盤旋，鯨魚在海中噴水，看到了這等東西，船員們知道陸地已相離不遠，但陸地總還不會看見。

三個月零一天的長期間，他們接連在渺茫大海中航行，當秋季的某天早上，纔看見陸地的岸了。他們的喜歡，當然和哥倫布等初到聖薩丸多島時一樣。

他們放起大炮，船上掛起國旗，開心得了不得。

他們在取名爲聖赫倫那灣的廣闊港中拋錨。

勇敢的船員們，已到了南非洲的南海岸，他們在非洲南端附近的地方，北極星在夜裏已經望不見了。

三〇 達加馬的到印度

發斯可達加馬到了聖赫倫那灣而覺得開心，但他並不想在那兒長住，「繞岬進行吧，」這是他的命令。

所謂岬，不外是好望角，這就是一個提阿士船長在十年前到過的地方。

不多時達加馬的船，已在繞非洲南端而進行了。暴風非常猛烈，這是很困難的航行，有時狂風把他們吹向原路去。但是最後，他們終究繞過了好望角。於是小小的船便沿着非洲的東海岸，向北向北進行了。他在歐洲人從未到過的地方旅行。

有時，他們在沿岸的某地方停船，採辦水和食物；有時土人們很怕他們，或逃去了，或躲在竹叢裏放箭；有時土人們把他們當作久別重逢的故友看待。

達加馬這一隊人，把某地叫做善人國，住在那邊的，當然是黑人。黑人們見有幾個葡萄牙人，划着小艇從船裏渡過來，大家成羣結隊地來看。有一個名叫馬兒其亞夫恩座的一個船員，把這些黑人們帶到船裏去，而且他將帽子襯衫紅褲等送給黑人的酋長。

亞夫恩座這樣地款待酋長，因此被邀到黑人村落裏去住宿了。陪他去的酋長，把新得到的衣服，穿在身上，對看客們說：

「來看我的賞賜吧！」

那一夜不必說，亞夫恩座已成為「衆目之的」了。黑人們連夜地來會他，這樣鬧到天明，他纔回船。

他們這隊人，訪問善人國，是正月裏的事情。此後三個月，沿着非洲海岸航行，到了桑給巴爾島。在桑給巴爾島上，達加馬找到了一個知道印度航路的嚮導。

抛錨。將近四月底的時候，這一隊人又向東方出發了。費去二十六日，他們在南印度的喀爾喀塔海岸

亨利王子的夢現在竟實現了；印度是可以繞行南非洲而達到的。達加馬因爲要約定去拜謁喀爾喀塔王，所以費去幾天。這種約訂定後他和三個部下上岸去。他坐了架子似的東西由人抬着穿過許多印度人中間向王宮那裏去；終於和王會見了。

三 最初的環繞地球

現在我們來講講從未有過的最大航海者馬汲倫氏的故事吧：

馬汲倫十九歲時，達加馬正完成了最後一次的印度航行回來。那時，他是一個商人，在鄰近各國間航行。後來求得葡萄牙王的使用。這青年的航海者，要證明自己的本領，便被許派作繞行南非洲向亞細亞去的航行了。而且他還到離中國不遠的斯派斯島。

經過了多少時候，馬汲倫感得還不會得到自己勞動的充分報酬，這種感想在他心裏烈火似地燃着。他說：

「卽使受不明事理的國王的使用，也沒有辦法。離開葡萄牙，且到西班牙去吧！」

那時的西班牙，很想求得這種航海者。查理斯一世，那時正做西班牙的王。

「且叫我尋覓另一航路，到斯派斯島去吧！」馬汲倫對王說。

「繞行阿非利加洲過去那是太遠了，你如果肯給我船隻，我要從西航路試試看。向南繞過亞美利加，穿過大海，便到斯派斯島和亞細亞了。」

查理斯王，很贊成這個勇敢的計劃，預備了五隻船，馬汲倫便於千五百十九年的夏末，離了西班牙海口。船裏有從歐洲各地來的二百多人。船員中最多的是葡萄牙人、西班牙人，其餘是從意大利、希臘、法蘭西、德意志各地來的。而且這許多人裏面，也有一個英國人。一個名叫披加夫愛台的意大利人他專門注意於航海中偶發事件，並把牠細細地記載起來。

三　陸地和親睦的印第安人

馬汲倫這一隊，當然貯藏着長途旅行用的各種食料，這些食料，是那幾種東西呢？豬肉、蠶荳、豌荳、麥粉、牛油、梅子、蜂蜜以及米等；大蒜和醋，那是不必說，此外還帶着不少酒杯。

雖裝着這樣多的食料，但是還有食料缺乏，要歡迎老鼠肉這等日子來呢！

這一隊先碇泊於加那列羣島中的一島。這小規模的船隊，在那邊泊了五天，再裝了些木材和水等，向西南方開去。

在幾週內，船到了近赤道的某地，天下起雨來。一天一天地儘在這歐洲航海者的頭上下雨，像故意想把他們溺死般的。

雨停止了，這回卻有猛烈的狂風吹來，這種狂風，有使你們只得把帆從桅上解下來這般猛烈，否則船便要被風捲起。

有時是平靜的天氣，絲毫遮蔽太陽的雲彩也沒有；當這種時候，船員們可以看看游到船邊來的大魚。這些魚以鮫魚為最多，有時可用釣鈎釣幾條來喫。

最後，在航行中好風又吹來了。這風把他們吹送到步剌徐兒。在海濱，有幾乎不着衣服的，和裸露很多的印第安人。他們待白人非常親睦，把各種食物都拿來給他們喫。白人便將小刀和身邊的裝飾品送給他們。

那時的印第安人，還在過石器時代的生活。送他一把可以代石刀用的金屬刀，他將多麼快活？你們也想像得到的吧！只要是他們所需要的一把小刀，也很願意拿出五六隻雞來換；一張梳子，他們送兩隻山羊來；為了一個鈴，竟送來一籮蘿蔔呢；有一個船員送一副遊玩用的紙牌給印第安人，而竟收得六隻雞作為代價。

印第安人還有許多養熟的鸚鵡，他們拿了八隻十隻來換一面鏡子。

三三 飢餓中的掙扎

馬汲倫這一隊，到了南亞美利加的南端，已費去幾月。一隻船在海岸撞破，船裏的人雖都救起，但這一隊只有四隻船了。

馬汲倫漸漸向着有海灣似水道的地方闖去，他心想快到一個海峽了吧！而且他希望走進白爾僕亞幾年前所發見的南海。

兩隻船打先，派出去探險，猛烈的狂風竟起來了。繼續了數日，大家都擔心，這些船怕就要遭難了，船員們的心裏充滿了悲哀。忽然前面看見一條黑影，還以爲是失散了的船隻，他們便放起信砲來。事實是發見了一個海峽。

馬汲倫下令，這一隊船向這海峽中航行過去。四隻船中，有三隻船服從他的命令，做先鋒的一隻，掉轉了船頭，向西班牙回去。剩下的船，便向現在稱做太平洋的大海中出發。

你們如果去看一看世界地圖上的太平洋，那末你們便會明白他是何等的廣闊，這隊從西班牙來的大膽勇敢的人，那時卻用小船，向着西北橫渡過去。

一天復一天，一週復一週地過去。風雖是平順，除幾個無人的小島外，總望不見陸地的形跡。就是這幾個無人的小島，在他們也並不是一些沒有幫助的。

在船裏缺乏食料。喫的東西裏，蛋糕雖還有剩在那裏，但因爲日久，都已粉碎生蟲了。淡水也變成黃色，因爲日子太多，已腐敗了。大家都爭着捉老鼠喫。但老鼠當然不是捉不完的，到後來老鼠終於絕跡了。

有一天，某人想到牛皮做成的什麼了，這是在桅桿和橫擋上使帆不要捲攏用的，於是便把這扯下來，在海水內浸四五天，浸得軟了，大家再將他曬乾在火爐上做菜肴喫。

船員們大家都想「我們難道有應該餓死的運命嗎？」

三四　和非律濱土人相會

這幅圖上所表示的是白人和土人的戰爭，火藥的煙一起，打破強盜島便不困難了。

太平洋上，如果起了狂風，那末說不定馬汲倫一隊船，都要覆沒，而大航海要成徒勞。幸而天氣平穩，無論風和海，都幫助這班歐洲的勇敢人。

風是何等平穩呢！浪是何等低小呢！所以馬汲倫把這海取名Peaceful，就是太平、平安的意義。

在平靜的海上，安然地航海，這眞是十分幸運的，但儘這樣繼續着，到什麼時候纔能尋得陸地，求得糧食呢？大家都餓得日常工作都做不來了。

他們從南美洲出發以來，已有三個月了，但還尋不着陸地。此後過了一週又過了一週，飢餓比前更利害地來苦擾他們。此後過去了三天、四天五天，「看呀，」這是第六天了。

陸地看見了，眞的陸地啦！

船立刻在三島中央拋錨。船員們趕忙上陸，去捉魚和採椰子、香蕉來喫。

住在這島上的人，肌膚上比印第安人更有光澤。馬汲倫便叫他們剌特羅人。

在這島上過了兩三日，馬汲倫又對這一隊船下出發的命令。向西走了一千哩光景，又有兩個島岸看見了。這些島是菲律濱羣島中的。

馬汲倫和他的部下在一島上陸，張起天幕，但住了兩個月光景，一個人也沒有碰到。忽然有載着九個土人的小船，向岸邊來了。他們表示歡迎白人的意思。

馬汲倫將紅帽子、鏡子、櫛、鈴等東西送給土人。於是土人們立刻把魚、香蕉、可可，用棕櫚子汁製成的酒等，拿來作回禮。

馬汲倫把土人們帶到一隻船上，將胡椒、生薑、肉豆蔻、黃金等給他們看，再向他們表示「何不把這種東西多送些來呢。」又把大砲放起來，想威嚇土人。土人們喫了一驚，但並不打算從船裏逃出。他們倒知道是虛驚，把心放下時，便說出要回去了。

土人們訂定了一兩天裏再來的約而回去。他們又把可可粉、酒、代代果 orange、雄雞等送來。

在那邊住了九天，三隻船又出發了。拋錨在菲律濱羣島中的別一島，拋錨不多時，有載着八個土人的小船從海岸直向馬汲倫所乘的船邊划近來。這些土人，都和羣島上別的土人同樣，有褐色的肌膚。他們雖怕上船來，馬汲倫將紅帽子和兩三件裝飾品縛在木片上，向他們這邊丟過去。土人們非常開心地回海岸去。不久他們用小舟載了國王或酋長同來，這個酋長就是幾個部族的支配者。

馬汲倫立刻同酋長很親熱。酋長送他一根黃金棒和一籮生薑，但他們不受。大概馬汲倫表示，對於這些貨物是毫不在意的。後來，這些貨物就更便宜地交換了。

第二天，派一個船員去向酋長請求食物。酋長當然是很開心地答應把米和魚給他們，而且由酋長親自帶了這些糧食，到他們的船上去。

三五 馬汲倫的死和維多利亞號的通過好望角

幾天後，這一隊便向塞布島開去，在那邊他們和土人交換貨物，因此和他們也都很親熱。酋長和自己屬下的土人們，都說要做基督教信徒。馬汲倫便替這些土人們行洗禮。他們將原來的佛像、神像完全燒掉。酋長的妻受了一個小的基督木像，她看得非常貴重。

後來這島的酋長，和別島的酋長作戰，來求助於馬汲倫。馬汲倫因為這酋長曾供給他們糧食，帶了六十人去助戰。但有鐵炮和鎧的他們一隊，不能打退勇敢的野蠻人們。馬汲倫就被竹槍所傷，雖還繼續戀戰，最後被一土人用彎刀斫斷左足，這勇敢的指導者便仆地氣絕了。

馬汲倫死了，遺下的船員們都含着滿腔悲哀。他是一切人裏的英雄，他在「環繞地球」已過了最困難部分時被人殺死。一隊白人懷着滿腔悲哀離開菲律濱了。在出發之先，他們燒掉一隻船，因爲這船已不能用作航海，所以現在只剩兩隻船了。

馬汲倫死後幾月間，兩隻船在斯潑斯羣島間徘徊。受土人們很好的接待，和他們和平地交易。這兩隻船，一隻叫脫利尼泰特號，一隻叫維多利亞號。白人們打算要離去斯潑斯羣島；但脫利尼泰特號的船身，竟穿了一穴，修理費了兩天，但要完成，還須費去更長的時期。

爲了趁順風的機會，維多利亞號便獨自出港了。而脫利尼泰特號和船員們叫他們修好後跟着開來。

從菲律濱出發兩隻船中之維多利亞號，這是馬汲倫一隊船中能夠回到西班牙的唯一的船。船頭上有一個生翼的人，這是畫家用想像來畫的。

台兒加納被選作維多利亞號的船長了。他通過許多小島，橫渡印度洋，向西南轉舵。

在阿非利加的南端，有好望角，這是地球上一個最險惡的岬，和這樣的好名字實在是不相稱的。那邊幾乎沒有一天不起猛烈的狂風。

維多利亞號到好望角時，恰碰到狂風。船員雖儘量地努力，總不能前進。一週復一週過去，大家擔憂着以爲「難道不能再見西班牙嗎？」

海上奮鬬了兩月，到後來好容易天氣平穩，大家都像死而復蘇一般，船就通過了這岬。

三六　大航海的完成

繞過了阿非利加的南端後，維多利亞號惡戰苦鬬而勇敢地向北方進行。食物和淡水，雖已在這大陸的南岸求到，但這時船員們已遠離陸地了。他們必須於糧食未完時到安全的港口，否則一定要餓死。

在南大西洋上，雖有順風幫助他們，但糧食漸漸地要完了。船員們疲弱而且害病，在還未望見培兒台島岬之前，已有二十一個船員死了。

「我們要勉強進港嗎？這等島的管領者是葡萄牙人，如果他們知道我們是和斯潑斯島通商來的，要把我們殺掉也說不定。」

他們是這樣想。

不管怎樣危險，船長台兒加納叫拋錨了。餓死寧可冒子彈的危險。一隻小划子，載了些船裏的物品而被派遣出去換了二擔米來。後來派了三次小划子到岸上去，連十三個船員同被葡萄牙人捉去了。

維多利亞號的船長，心想這時只得離開這地向西班牙開去。一千五百二十二年九月六日，他們便到塞維爾港了。這便是他們三年前出發的港。由一直向西航行過去，明明可以環繞世界的所謂地球是圓的一說，從此就得了確證。

維多利亞到西班牙的時候，船裏只剩了十八個人，而且差不多都生病了。但我想來他們總算有幸運的，他們已完成了以前誰也不敢做的事業。他們是英雄，他們的行爲直震撼了幾個時代。

剩下在斯潑斯島的船，到底回不到歐洲來，只有幾個船員，於維多利亞號到後幾個月，纔回到西班牙。

三七　官吏及抽稅

中世紀意大利都市裏，有富裕市民住的許多華美家宅，有高塔的石造堅固城壁，到處都是，用以防禦敵軍。普通不論那個都市，都是由執政官治理的，和羅馬同樣。有些都市有兩個執政官，別的有四個到十二個執政官。

住在自由都市的人們，常常因法律事件而起爭執的。如果裁判官罰了一個人，那末他的家族和友人，一定要這樣叫起來了：

「唉他是不應該被罰的！是裁判官錯誤的。」

於是，因爲解放罪人的戰爭便開始了。

爲了要使法律事件能夠圓滿運用，所以常常選擇都市以外的人，來做裁判官。因爲他們沒有什麼親戚朋友在都市內，而且不許他們到市民家裏去喫酒或宴會。這種制度，無非要使事件能夠平穩進行而已。當時當廟會的一天，去收買貨品，就要收取通行稅。人們如拿了貨物，經過某領主的領地，他便被叫住了。領主的兵士便這樣對他說：

「看呀！你拿了這些貨物，要經過這地方，是不能不拿出稅銀的。」

用同樣的方法，人到埠或下船的時候，也必須交出通行稅。

三八 十字軍之起

從前巴勒士坦的管轄者是阿剌伯人，他們對於朝山者，都好好款待。不久土耳其的軍隊，從東方攻進來，把巴勒士坦占領了。這種土耳其人對於朝山者是不表好意的，有時他們還搶劫朝山者，或竟加以殺害。

土耳其人還做了一樁事情，就是進攻君士坦丁堡。君士坦丁堡的皇帝，向羅馬的教皇求救了。

羅馬的教皇，是烏爾班二世。他召集了很多很多的騎士和爵爺，說土耳其人在迫害基督教徒。又說「拿起劍和楯向東方打過去，一定要奪囘耶路撒冷和倍對來海姆」。

烏爾班本來是天才的辯論家。聽了他的話，大家都深深感動，決計依照做去。

當時還有一個在隱居着修行的彼得。他聽到巴勒士坦土耳其人的行爲，就想去趕掉他們。他便從這都市跑到那都市，從這村跑到那村，把這種消息告訴許多基督教徒，而且說應該立刻將土耳其人打破。

教皇烏爾班和彼得的言論，激起了二種人：貧苦的下流社會，原來是不會失去什麽的，他們的生活，已充滿了不幸，得到可以往外國去的機會，倒反是喜歡；還有騎士、爵爺和領主們，原來是喜歡多事的人，到外國地方去打仗，也是他們所喜歡的冒險事情，而且他們還抱着一種信仰，爲了基督教，不論怎樣都該盡力。

因此「十字架的戰爭」Crusade便開幕了。幾千男女和彼得一同出發。他們不帶金錢食物，他們說，「天神會得保護我們的」。

這個隊伍沿着大斯培谷進軍，在未到君士坦丁堡之前，已經有許多因疾病飢餓而死，別的在小亞細亞被土耳其人所殺。因此又有別個隊伍組織起來出發了，這是由從軍過的騎士貴族組成的。由領主格勿留統率他們，這囘帶了金錢、食品、武器去，攻進了聖地，而且還占領耶路撒冷，建立一個王國，格勿留就任選爲第一任國王。

三九　基督教徒的失去耶路撒冷

一般人常常說，十字軍完全是由宗教上引起的，但是我們想來，還有別種理由惹起這樣流血戰爭的原因完全歸之於宗教，當然是不能的。

那末別種理由是什麼呢？這是大家要求新的住所。旅行者和遊方者，常常誇張地講說東方地帶的豐饒，這就是把很多很多的十字軍人，引向巴勒士坦去的緣由。尤其是貴族的青年孩子們，常以這種事情是眞實的。

父親死時，他們通常僅分得很少的土地，但這一回他們想由參加十字軍而能得到多的土地。

不能不講述十字軍屢次的殘酷行爲，這眞是一種缺憾。他們占領耶路撒冷時，曾把許多俘虜都殺掉。

基督教徒聽到戰勝的消息後，漸漸有許多遊方者從歐洲出發。當然土耳其人不願基督教徒這樣散佈開來的。他們用盡心力將基督教徒趕走。

歐洲的僧正和僧侶，覺得不能不再作「聖戰」。這時法蘭西王，和德國意大利的皇帝也都參加了，非常大的軍隊，丟下了歐洲，爲了和土耳其人或當時所稱的撒剌遜人作戰而出發。

戰爭竟一年年地繼續下去，兩方面都不能占完全勝利。這樣相持的時候，撒剌遜人裏，出了一個名叫薩拉丁的大將，他帶了大軍來攻打耶路撒冷，基督教徒的祈禱和寶劍，已不能防守那個都市了，於是又一度陷落在敵人手裏。

四〇　紅鬚將軍的死

撒剌遜人的偉大指導者薩拉丁，是一個和平高尙的人。他當自己的軍隊奪回耶路撒冷時，並不使他的兵士們殺死基督教徒的俘虜，像九十年前基督教徒對撒剌遜所做這般。

薩拉丁的舉動和耶路撒冷的陷落，傳到歐洲了。這時基督教徒知道對方的敵人，是強力而非常寬大的，因此他們又編成新的更強力的十字軍。

當時歐洲有三個國王，那就是德國的腓得烈，法國的腓力布及英國的理查，是參加這次十字軍的編成的。

德國的腓得烈，稱做罷兒罷羅散。罷兒罷羅散，就含有紅鬚將軍的意思。他當時已有七十歲的高齡了，但還精神矍鑠，率領了部下的兵士從陸路向巴勒士坦進發。但他未到巴勒士坦，於渡某河時，死去了。

某撒剌遜的著者，關於腓得烈的死，有下面這般的話：

「他正在渡河時，落在水中了。水流的力量將他向一根木段方面沖去。他頭擱在木段上，沉下水去。他的部下，雖把他拉起，他已氣絕了。死神走來，把他的靈魂，帶到陰世去」。

當然，十字軍中的人們，關於腓得列的靈魂到何處去，另有不同的意見，他們相信不是到陰世，而是往天國去，以爲凡是爲聖戰而死的人，都到天國去的。

回國的德人們，至少其中的一部分，關於自己的王，又另有意見。他們說：「王還活着，但安息在寂寞山上。他長長的紅鬚更加長起來，從巖石中間露出來。」

「大鴉在他頭上自由飛翔時」，這個故事的作者，在故事中說：「腓得列一醒，他回國來罰惡人，賞善人，於是世界便到黃金時代」。

四一 聖戰中理查的任務

有一古老故事，給理查王一個別名，就是「獅力將軍」。這個故事中說：「理查王在某森林中，獅子襲來，王不帶什麼武器，因此用手扼住獅子的咽喉，獅子斷氣了。」

當然這僅僅是很笨的故事，這別名發生的眞原因，無疑地是從理查在戰爭時所表示的力量和勇敢而來的。因爲在這時露出「獅子般的威勢」，所以被稱爲「獅力將軍」，或「獅子般威勢的將軍」了。

理查做了英國王，不久，就決心參加那時正在招編的新十字軍。

理査為了籌集遠征用的軍費，採用某種粗魯方法了。他和他部下的領主們，強制地向猶太人借款。於是他們和這些猶太人之間，又起了戰爭。將猶太人殺死許多，這是為了達到借款而用的威嚇手段。

理査還有一種籌集軍費的手段，僭正和其他人員當就僭職時，要繳一筆費。

十字軍攻取撒刺遜人都市時的光景，這時十字軍的制服上有十字的符號了。

這般籌得的軍費，買了武器、馬匹、船隻。英國軍隊，和法蘭西腓力布王合力攻進巴勒士坦了。

到了亞克來市附近，他們遇到紅鬍將軍所統率的德國的一部分十字軍。他們合成一氣，去攻擊這市。

撒刺遜人雖強力地應戰，但基督教徒占了勝利。理査在這次戰爭中，證明了自己是如何強力的戰士。

十字軍即在別次戰爭也戰勝了撒刺遜人，但總不能取得耶路撒冷。法國的腓力布王，當這般戰爭時回國了。據說因他嫉妒理查。但不久，英國王也學法國王的樣。

腓力布王安然無恙地回國。但英國王倒不是這樣，他因船破而溺入水中，由德國皇帝把他救起。但這德國皇帝本來不滿意於英國王，因此直到取得英國巨額的贖款，纔把他送回去。

英國王理查恢復了自由之後，不久和法蘭西作戰，因中箭傷重而死。

四二 童子十字軍

半成功，失敗！失敗！——這是十字軍的故事。

歐洲的基督教徒，覺得很奇怪，他們想來自己是正當的，但是他終究不能把聖地永久成為自己所有。

「神一定幫助我們的，」他們說。「為什麼我們不能得到勝利呢？」僧侶和別的人，這等回答：「是呀，當然神是幫助基督教徒方面的。我們得不到聖地的唯一理由，就是十字軍的不好。心地潔淨的童子們，為什麼不使他們到聖地去呢？神是能顯示奇蹟的，想來不曾使青年十字軍受傷。祇有他們，纔能把從前兵士們所不能占領的地方占領過來，那是一定的。」

於是人類生活中，最可悲的一件事——童子十字軍，便組織起來了。

這事的發動中心，是法蘭西和德意志。父母們也贊成的。他們吩咐兒女們，使他們一同到聖地去。

中世紀畫家畫的僧裝少年。

孩子們本來天眞而喜歡冒險的；他們又抱着信仰心；因此，成了怎樣的情形呢？這也想像得到吧！他們組成幾百人幾千人的隊伍，田舍中的少年男女，和從各個都市來的兄妹們，一起編入隊伍裏。

童子們的隊伍，要從意大利的港口乘船，所以向南方經德意志朝着意大利進發了。一面法蘭西少年男女們，從馬賽出發。

當出發時，童子們唱着「我主耶穌呀，請將十字架賜還我們。」他們裏面，有些人相信着海水將爲了他們，開條道路，卽使沒有船隻，也可以走到耶路撒冷。

然而事實上，可悲的事情起來了。奇蹟呢什麼也不來；幾百童子們，在森林中迷路，因飢渴而死。別的長途步行，弄得精疲力竭。剩下的那些，於橫越蓋滿白雪的阿爾俾斯山時，喪失生命了。

然而還有許多童子們，到了他們目的地的各港口。這些童子們，大半做了惡人的犧牲品。貪狠的船主們，不肯失去發財的機會。他們對童子們這樣說：

「請到我們的船裏來呀！我們可以帶你們到聖地去。」

他們待少年少女們下船之後，便把他們運到別個港口賣作奴隸了。賣作奴隸的童子中，也有從基督教船主賣到撒剌遜人手裏的。

參加這十字軍的孩童數，據云是從五萬到九萬。可是並不是說一切的孩童都得到不幸的結果，有許多到了離故鄉不遠的地方就回家了；有的被收養在意大利人的家庭中。撒剌遜人，依然支配着耶路撒冷。

四三　聖路易和十字軍的終了

童子的十字軍，雖已得到可怕的結果，但是基督教徒想占領耶路撒冷的企圖，仍舊不停止。千二百二十九年，巴勒士坦的全部，已歸基督教徒支配了。這是由於和埃及的回回君主訂下條約而來的。這種條約上，規定無論基督教徒和撒剌遜人，都可以守着自己的宗教，此後平和友愛地過了十五年，但是從亞細亞來的部族，攻進了巴勒士坦，又將基督教徒趕出。

這事又惹起比從前更多的十字架戰爭。

最後的兩個戰爭，是由法蘭西路易九世指揮的，路易九世是信仰深切的人，願獻身於教會。在自己國裏，也做了使人民非常敬他的許多事業。願意使教會更加有力，所以他決定努力地爲基督教徒，去占領巴勒士坦。

他帶了五萬光景的軍隊，用船載着，向埃及進發。埃及被認爲聖地的要口。這事有這樣的意味，基督教徒如要永久占領巴勒士坦，不能不取得尼羅河地方的支配權。十字軍已征服了埃及的一個小城市，但是他們此外便做不出什麼事情來。糧食缺乏，許多兵士爲飢餓而死，有的害病而死。路易王被捕做俘虜了。

聖路易一部破舊的肖像。

因爲要贖回他們的王，法蘭西人把許多金錢，去送給埃及的回回王。幸而生還的兵士們，害着病，也不想作聖戰了。但是路易王倒不是這樣的。他下一個再戰計劃的決心。二十年間，他爲了編新十字軍，而盡力預備一切。於是帶了大軍，又乘船出發了。

王到底在那裏登陸，你們想得到嗎？不是聖地，連埃及也不是。路易王在阿非利加北方，叫做突尼斯這個地方，帶了全軍登陸了。

他想這是向東方的通路，或者有了爲教會做某種有益事務的機會；所以在那邊上岸。他聽說突尼斯的支配者，也是基督教信徒，心想這大概於基督教徒軍隊有利的。

路易王當部下的軍隊，將要征服某都市的時候，害瘧疾死了。於是十字軍也就解散。路易的兒子，和突尼斯王講和，專心治理本國法蘭西去了。

路易王死後，歐洲人便不再向聖地派送十字軍了。

四四 亨利八世與依利沙伯

當路德傳道的時候，英國正由聞名的亨利八世統治着。這裏我們想把他的經歷講一講。

幼年的亨利王子，有一生下來立刻得到名譽和俸給的境遇。生後才到十個月，他做獨白的警吏、當然，他是什麼事情都不做，有人替他做的。但他受了官邸，拿得非常多的俸給。他的父親，是非常喜歡積蓄金錢的人。

在三歲的時候，做愛爾蘭總督了。而且在六星期之後，他已得到排斯騎士和額帶騎士的榮銜。卽使亨利在幼小的時候，已得到這等名譽，但他仍舊不怠地用功。他常常以學問和戶外遊戲消磨光陰的。他在學問上很聰明；遊戲上很巧妙。

亨利還在少年的時候，他的長兄亞撒，和西班牙公主加撒林結婚。加撒林是勿迭南王和依薩伯刺女王的親生姑娘。她十五歲到英國來，丈夫和她同年。可是這一對青年夫妻，僅僅同居了兩三個月，因爲不久亞撒就死了。

在當時，有結婚時把奩金帶了去的習慣。勿迭南王雖約定爲了姑娘送許多奩金，當亞撒死時，還祇付了一部分。因此西班牙王派人去說：「丈夫已死，此後的奩金不付了，而且又說已付的一部分，請還給我。」但是亨利王因爲無論怎樣不肯放棄奩金，他便使第三王子亨利和公主結婚。

亨利王子愛加撒林。對於結婚，也沒有異議。但有一樁障礙，這是教會的規則。這規則上說：「無論何人，不許和兄弟的未亡人結婚。」因此英國王懇求教王，請作爲例外。教王不許，可是恰巧這時，國王死了。國王臨死時的一個願望，就是亨利和加撒林趕緊結婚。

亨利王子做國王了，稱做亨利八世。父親死後兩三月，他和加撒林結婚。這時他十八歲，加撒林二十三歲。

四五　亨利和法蘭西的戰爭

平和快樂的歲月過了幾年之後，亨利王想在戰事上獲得名譽。他讀從前英國國王們的戰勝記事，這些書在他便引起揚名戰場的念頭了。

可是在當時的社會，什麼戰爭都沒有，因此他決心引起對法蘭西的戰爭。一則因爲法蘭西是最近的國家，所以被選做對手；二則因爲他想奪回一直從前英國曾經占領過的某地方。

亨利僅僅二十三歲的時候，法蘭西受攻擊了。

可是英國的兵士，不喜歡到外國去戰爭，有些人逃走了。進攻完全失敗，戰事不能不中止。

可是因為亨利王是頑固的，試作再度之攻擊。這時戰爭也並沒有好結果。英國方面得了兩三次勝利，就講和了。自己手裏也不獲得什麼土地。

此後某時，亨利為了表示親善，到法蘭西去，和法王會面。那時法蘭西是法蘭西斯一世的時代，亨利到加來左近會見法蘭西斯。

兩個國王，要想誇張自己的怎樣富有；他們張着天鵝絨的，金線布的，銀線布的天幕。亨利跨馬向法蘭西斯而進，對他講話時，一面騎士們跨着美麗的馬，擎着飄飄的旗。這相會的場所，後來被稱為「金衣之場」。

英國船向法蘭西出發，正在開放出發的賀炮。

亨利對法蘭西斯說：「若和西班牙的查理王作戰時，請給一些幫助。」法蘭西斯一聽到非常開心，西班牙王在他是可怕的敵人。

但是經過了一回，亨利王對西班牙查理王也訂下了同樣的信約，就是說：「若和法蘭西王作戰時，請給以援助！」

這樣我們已看出亨利王對雙方王所說的都是假話。但實際被騙的，還是法蘭西王。亨利幫助查理王，使他成爲歐洲最強大的支配者。

亨利這種舉動使將來英國站在非常困難的地位，因爲西班牙成爲非常有勢力的國家，幾乎沒有國家能夠抵敵。

四六 依利沙伯女王的治世

亨利八世有三個孩子。名字是瑪利、依利沙伯、愛德華。

愛德華年齡最幼，但他因爲是男孩，當父親死時卽王位了，這時他僅十歲。像你們所想像得到這般，他關於英國的統治幾乎什麼事也不做。他本來是多病的孩子，當十六歲時他死去了。因此異腹妹瑪利立爲女王。

女王瑪利是天主教的信徒，她想把英國教會歸於教王支配之下，但公主依利沙伯是新教徒。某一天，女王對依利沙伯說：「請去行彌撒」。公主不願做這等事，可是又不能不服從女王的命令，於是，依利沙伯垂頭而去。

公主依利沙伯十五歲時，他和希望和自己結婚的某地領主瑞姆發生戀愛了。他們常常一同乘船，在泰姆士河裏遊玩，但不久這種戀愛情形被發見了。於是把公主送到鄉間去，不久，她就聽到瑞姆死了的消息。這大概是依利沙伯終生唯一眞正的戀愛。

英國的一部分民衆，不滿意於女王是天主教徒，終於發生反亂。亂事雖不久平定，依利沙伯被認爲是煽動這事件的人，監禁在倫敦塔裏了。

可是公主拒絕這命令，寫了一封長信給異腹的姊姊，她在這信中申述自己並無實際的罪惡，請求援救。

可是女王不信依利沙伯，但殺死公主，又恐怕要激起民衆的暴怒。

兩個月經過了——這兩個月，在依利沙伯是充滿悲哀的兩個月。此後，她從塔中釋放出來，送往鄉間。在鄉間，她居於自己的住宅內，過着囚徒同樣的生活。這是某天的事情，她從窗口眺望，看見一個賣牛乳的姑娘。於是她嘆息說：

「唉！我若能像這些姑娘就好了！」

四七　英國大破西班牙艦隊

依利沙伯公主，拘禁在鄉間監獄中過了十一月的長時期。此後接到女王派遣使者，迎歸都市，一起過王宮中生活的命令。女王不久死去，她的異腹妹依利沙伯就卽王位了。

後來就發生了對西班牙的戰事。

西班牙王知道英國人在亞美利加刼奪自己的寶物，大怒了。而且聽到做這事的獨來克，不但不處罰，反而給他位置，更加暴怒了。他下命令，使西班牙艦隊作戰爭的準備。這種艦隊，就是聞名的「常勝武裝艦」。還有一個名稱，是「大亞爾馬大艦隊」。我們就用這個名字，因爲比較簡單而合乎實際，

西班牙的大亞爾馬大艦隊，爲了準備戰爭，費了六年八年的經營。在這期間，獨來克捕獲從印度向西班牙歸來的一隻大船。這船裏裝有許多藥材和寶石，可是更重要的，就是這船裏有畫着往印度去的最簡便航線的地圖。英國獲得了這地圖，就可以和印度自由通商。

因此西班牙忍受不住，終於建立了大艦隊，爲了報復獨來克等海盜們所做的一切惡事，向英國海峽出發了。

開戰的第一日，西班牙方面占非常的優勝。西班牙以一百二十八隻大船，對付英國方面五十四隻小船。因爲英國方面乖巧，在援隊未開到以前，不作危險的戰爭。在兩三天內，英國船數已達到一百五十隻以上了。

在戰爭開始以前，西班牙船的一切船員們，跪着祈求他們是：「神呀使我們戰爭得到勝利！」英國的兵士，也和他們同樣地祈求勝利。

跟着時間的經過，戰事更加猛烈，連夜裏都不停止。日子一天一天地過去，祇有開放大炮小鎗的悽涼光景。常常有船被擊沉，水兵們呼號般的哀聲傳來。而且船的甲板上，佈滿水兵們的死骸，熱血橫溢，船的兩邊都染紅了。

相持七日的戰事勝利歸英國了。不失敗的艦隊，被追趕而奔逃。祇有大艦隊中的一小部分，回到西班牙。英國於是成為海上的霸王了。

四八　刑具和法律

上足枷的男女。因為他們是輕罪犯人，所以祇上一隻脚的。

三百年前，有一種處刑方法，就是足枷。這是像插圖畫着般，把脚固定在洞裏。有時一隻脚，有時兩隻脚。帶足枷的人，他們當然悶得要打瞌睡。這時假使是你們的話，將起怎樣的感想呢？我想若是你們，一定不明白真實有沒有脚了。可是，因為在大家都看得到的地方像插圖裏所畫的一般坐着，所以更加難忍。——若不是這樣，又違犯了法律了。

可是在當時的英國，足枷之刑，是對於輕罪用的。對於能講出委實有某種重大理由的浮浪人和乞丐，用這種刑罰。有時男子和女子，像這圖裏繪着般，一同被處足枷。

比足枷重的刑是頭枷。這是一個有孔的木板，把人的頭像足枷上的足般，固定在孔裏。

某時商人們逐漸富裕，一切的享受娛樂幾乎要超過貴族，因爲他可以爲自己的妻子，購買和貴族同樣漂亮的衣服貴族們非常嫉妒。連法蘭西王都感到不平了王就定了下面這般的法律：

「商人和商人之妻，不許穿灰鼠和貂皮。」

「商人之妻不能用黄金和寶石的裝飾。」

「商人之妻，不許坐四輪馬車。」

可是這位國王也嫉妒貴族因此他對貴族下命令：「你們的妻子，不許在一年內做四襲以上的新衣。」又說：「衣服不許採用一碼值二十五沙以上的材料。」

這等法律，在我們看來是非常有興味的可是人們不服從王的命令。婦人依舊要求大夫裁製自己喜歡的衣服穿。

當時爲了要求夜間的靜肅又定下這等法律：

「無論何人，夜間不能吹角笛過了九點鐘不許吹口笛若違犯了，他便該拘入監獄。」

還有一條法律是這般說：

「無論何人在夜靜的時候，不許高叫無論何人，不許鞭打自己的妻子使哭叫而驚醒鄰人。」

四九 中世紀的教會

騎士訪問隱者

在一千二百年前，有一種叫做「亞加刺脫」（碇泊人）的人。他們每到一地方就住下幾年，因爲他們在揀定的地方住下，好像抛船錨碇泊般，所以有這名稱。

這等人常常住在教會旁的小屋裏。也有到荒野森林裏去自己過活的。和其他一切人們隔離的這等人，常常稱做哈迷茲脫（隱遁者）。他們大都像古代石器時代的人那樣，住在巖窟裏。

哈迷茲脫和亞加刺矣脫，常常作苦行的。他們用鐵鍊緊縛自己的肉體，或者用別種方法弄傷身體。這是爲了「消罪」。

在中世紀，別的人們中也有所謂蒙克（即出家人或修道者）。他們不是單身度日，是結成團體的。他的住所叫做修道院。

有時十幾個人，有時一百人或者更多的人在一塊兒過活。團體中的頭腦叫做亞僕脫，就是方丈或院長。

出家人是不結婚的。他們永遠地在教會和禮拜堂裏做祈禱過日子。羅馬附近的某地院長，名叫培內台克脫，他覺得出家人做祈禱太多了。

「應該使出家人做點工作，」他想。

他使同院的出家人去操作了。他們除日曜日外，每天一定有幾點鐘在田野或修道院左近操作。大家都喜歡這種計劃，他們因爲得到出家人幫助收割穀物是怎樣開心呢！後來他們把許多土地贈給培內台克脫和他的同伴。

後來培內台克脫在歐洲各地，組織了出家人的團體。他們因他的榮譽，就被稱爲培內台克脫派了。

五〇 中世紀的僧社

在宗教社會中，當時還有叫做僧社的。像這圖裏所畫，是屬於僧社的四個人。他們把顱頂的頭髮剃去。這在僧侶出家人和僧社僧是一種習慣。

這種僧侶，不是永久住在一地的。他們幾乎不間斷地遊行歐洲各地，雖以徒步旅行爲常，但有錢時，也騎馬或驢的。他們這樣旅行，經過綠的田野時，是多少快活呢！有時這種僧侶，因爲教會離市很遠，走不到了；便去訪問田野中的村莊。

中世紀的四個僧社中的僧穿着各異的服裝。

僧社共有四種（或稱教團的）：一種是西班牙人聖度明哥發起的，另一種是意大利人聖法蘭西發起的，度明哥和法蘭西差不多抱同一的思想。神父雖叫他們兩個合組一個僧社，但他們兩人，都願各自組織一個社。於是神父沒法了，便答應了他們，法蘭西和度明哥便各自創立了一個僧社。

中世紀的著作者，雖說有些僧社中的僧侶，過着不十分好的生活，但有些都是非常切實，非常努力的。

大家都把金銀、食物、住屋，送給這些僧社中的僧侶。

五一　僧侶　祈禱者及禮拜堂

從中世紀的手抄本中取得的這幅圖，是描寫教會中某種情形的。一個婦人，跪在僧侶的面前，告訴自己的罪惡。

僧侶坐在圓背的椅子上，他披着黑頭巾似的東西，身上着外衣。

基督教教會，最初就相信死者的靈魂，可由生者的祈禱而得到安慰；而且這種祈禱，常常在彌撒

(教會的一種儀式)時舉行。僧侶們常常一次爲一個靈魂而舉行彌撒。中世紀的人們，要想爲自己的靈魂而舉行彌撒，向僧侶請求，已成爲習慣了。通常的請僧侶們做一次或兩次彌撒。還有些人，向僧侶們請求，我死後幾個月間，要每天替我做彌撒。所以爲了一個靈魂，做許多回彌撒，甚至有多到五百回的。

懺悔罪過的一個婦人，是中世紀的畫家畫的。

在西部歐洲，一切有名的貴族們，差不多都有私人的禮拜堂在自己城內或城的右側，有些禮拜堂裏，設有四五個祭壇。某英國伯爵有一所住着十一個僧侶和十六個樂隊的禮拜堂，而且領主們，並不把禮拜堂自己獨占，凡住在城堡附近的人，也常常許他們進出，使他們參加彌撒。

五二　朝山者

徒步、騎馬、乘馬車、趁帆船等是中世紀時代遊行各地的人們所用的方法。

但是朝山者常是徒步而行的朝山者，就是指那時參拜聖地去的男女們。

巴勒士坦是最重要的地方，因爲基督曾住在那邊。羅馬也是朝山者要去參拜的一個地方，他們常常喜歡拜謁神父，而受他的祈禱。

住在西歐的許多人，因爲路遠，祇有去參拜聖徒的祠，祠就是大家可去祈禱的一個場所有些聖徒死後埋葬在那邊，有些聖徒便住在祠的左近。這些地方常常有泉水，因爲聖徒飲這泉水，所以大家都把他當作神聖的東西看。許多人都相信到祠裏去咧，或是用手去撫摩聖徒的遺骸咧，或是飲靈泉的水咧，能夠醫好病的。

朝山者的姿勢。

朝山者所到的地方，受大家親切地款待。他們乞食時，差不多不會被拒絕的。據說有許多貧苦人都丟棄了自己的家庭，把大部分生涯消磨於朝山，因此他們可以毫不勞働，只是走路或隨處講說而得到住宿，得到食物。

在當時歐洲，他們的隨處講說，也是頗重要的事情。那時，印刷術當然還不曾發明，像現在報紙這種東西一定沒有，所以大家祇從信札中，或和過路人談話，知道世上有些什麼事。朝山者講述自己經過各地所發生的事情，以求得食物。

朝山者還可以出賣謁祠的紀念品而賺錢。這種紀念品在聖地附近一帶出賣，朝山者把牠買了來，去賣給不去參拜聖地的人。這種紀念品也許只是一片骨頭，一兩根頭髮，一縷布條片。

五三 科學的萌芽

在北部意大利，有一個比薩市，這市以一個歪斜地矗立着的塔出名。這塔就是「比薩斜塔」。大概是幾百年前所建造的，大家都奇怪牠怎麽不倒的呢？但不論幾個世紀，總是矗立在那裏。

這個斜塔，從前算是惹起全世界興味的奇景。有一個名叫伽利略的人，曾用這個塔來證明自己的思想。

比薩的斜塔

伽利略是比薩大學的教授，他是還沒有到三十歲的青年教授。別的教授們都不喜歡他，認爲他是神經過敏的人。

我不能不先說一句，在那時的社會上，凡是亞里斯多德所主張的，一切科學上的意見，常常爲教授們所深信。你們總還記得當希臘全盛時代，有一個亞里斯多德吧，他是一個偉大的人物，但他在科學上卻有許多錯誤。

青年的伽利略很勇敢地宣布：亞里斯多德是弄錯了。直使得別個教授們大喫一驚。

「這是搗亂呀！」他們叫了起來。把這樣的名人趕出大學了。

然而伽利略這般回答他們：

「請讓我證明他一個錯誤吧！亞里斯多德說過，分量重的比輕的落下快些。在他想來，十磅重的東西，比一磅重的東西要快十倍落下。請到塔邊來吧！我可以將他的錯誤，指給諸位看。」

非常多的學生和教授們，擁擠地集在塔的周圍。伽利略走到塔上去，同時把兩個鐵球放在那邊，一個是一磅重的，一個是十磅重的。他將兩個鐵球丟下來。

結果兩個鐵球，竟同時落在街上，伽利略已證實了自己的思想。

有些教授們，竟連自己的眼也不相信了，他們這樣說：

「不對！這不是眞實的，亞里斯多德說過，重的落下快。不能不是這樣的。」

但是他們不能推翻伽利略的實驗，伽利略已經很明白地實證了自然法則。

五四　望遠鏡的發明

三百年前，有一個造眼鏡玻璃的和蘭人名叫雷汶胡克，他的店裏有一個做徒弟的青年。一天，他偶然把兩塊凹凸玻璃片重疊起來窺望。——一手執着一片玻璃，兩手前後相距一呎光景，然後用一隻眼窺望。

「啊呀！來看呀！」他大聲地叫了。「這兩塊凹凸玻璃片，把物像放大了，顛倒了。」

雷汶胡克拿來一看，確實像青年所說那樣。

「好呀！好呀！這可以做成漂亮的玩具啦。」主人這樣想。

因此雷汶胡克把兩塊凹凸玻片都裝在管中去望相距不遠的教堂尖塔了，但是塔咧什麼看去顛倒了。

這個玩具的望遠鏡就做起來在店裏發賣。有一個客人，把他拿來窺望一下，大喫一驚，便買去送給王子。

竟有了不得的幸運事情發生。有一個寫信到威尼斯報告這種新發明的事情。伽利略那時正在威尼斯附近的白台大學擔任教授，他聽到了這件事，決定自己做一架望遠鏡來看看。經過幾天的研究，終於想出了所希望的東西。他拿兩呎光景的一根風琴管，把凹凸玻片在兩端嵌着，透過玻片來窺望，一切東西都近在眼前了。

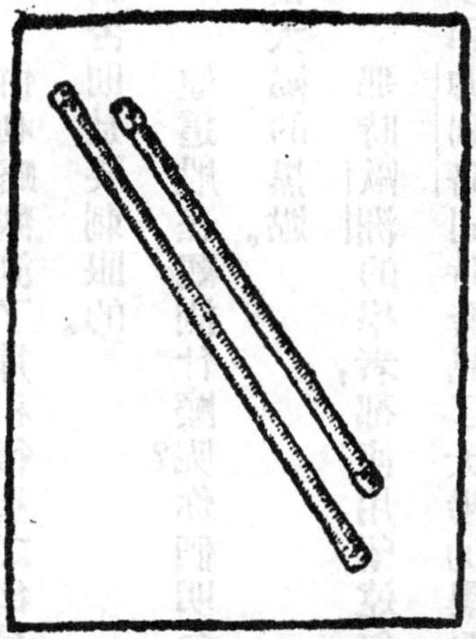

據說是伽利略所造的兩個望遠鏡。起初是手拿了看，後來造架子了。

伽利略對於這種玩具的望遠鏡，還不能滿足，這些雖能夠放大物像，但他想放得更大些。不多時他便造成一個新式望遠鏡，因此更遠更遠的東西也能放大了。進港來的船隻，用這望遠鏡去照，要比用肉眼早兩小時看到。

於是伽利略更想出非常偉大的計劃。他要利用望遠鏡來望月亮行星和恆星了。

五五 太陽黑點的發見

伽利略觀測了月和行星之後，又用望遠鏡來觀測太陽了。當陽光照耀觀測，常用黑色的玻片，因爲否則是要刺眼的。

他這般在觀測什麼呢？你們明白嗎？第一，他要觀測太陽輝耀的圓面；其次他更精密地觀測，要看出太陽的黑點。

那時歐洲的學者，都使用望遠鏡了。這些人裏，有一個德意志人和一個荷蘭人，這兩個學者，差不多和伽利略同時發見了太陽的黑點。

然而這黑點是什麼呢？誰也不能正確知道。德意志的學者，說是行星接近太陽的緣故。在伽利略想來，這頗像雲般的煙或霧。他每天精密地觀測。

最後他說明太陽的黑點，是密附在太陽表面的。但有時兩三個黑點連在一塊，有時一個黑點和別幾個黑點分離，黑點不斷地在移動，而且都在向同一方向移動。這個方向就是太陽自身運行的方向。

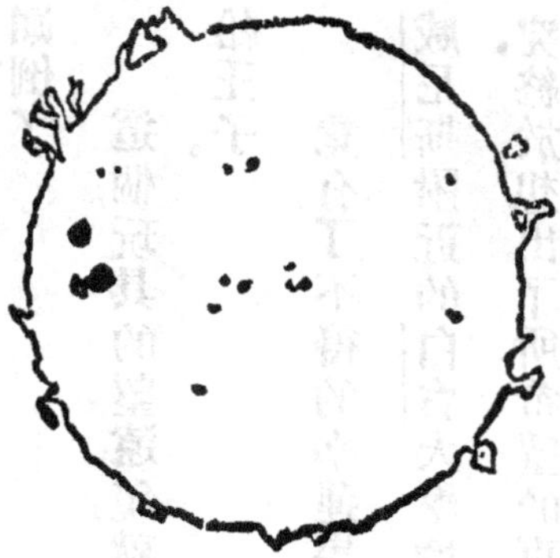

太陽的圖。並表示黑點的。在周圍表示幾千哩長飄搖之火焰。

伽利略關於太陽運行的意見是不錯的。黑點和太陽一同運行。這些黑點，有時兩三天不見，有時繼續存在到幾週間。現在也還不能確實知道黑點到底是什麽。有的以爲是太陽表面，起了暴風雨的緣故。有的以爲這黑點是雲，是溶解金屬的遊離物。有的又以爲是暴風雨所吹成的穴。

黑點看去雖是黑色，實在有幾百萬盞電燈光那樣光輝，只是較太陽的別部分略黑暗些罷了。

五六　眞理是虛僞

伽利略在白台大學裏住了十八年，在這期間內，他做了非常多的工作，不僅關於太陽和土星有某種發見，就是木星，他也曾研究過。木星比地球要大一千倍以上，伽利略雖不曾發見這星的體積，但發見了這星的周圍，有很好看的月亮在繞行。他把這椿事，作爲解釋地球繞太陽的資料。

地球是在運行的，這在一世紀以前，思想家哥白尼已經表示過了。

在現在一切的人，都知道地球是在運行的，但這在那時眞當作奇聞。哥白尼幸而不曾因這事受罰，大概是一般人都以爲他在發瘋，不屑計較罷了。

然而有思想的人們，以爲他的推理也許正確。他們把這些意見，寫在討論信上。哥白尼雖於望遠鏡未發明之前死去，他的思想卻遺留下來。伽利略便成了他的第一個弟子。他著書來說明哥白尼相信地球繞太陽的理由。

加利略刊了這些書，便引起了對教會的糾紛。如果地球眞繞行太陽，那就是說聖經中的某部分是假的。因受某種權力的威脅，伽利略的著作只得中止出版，他也不再著述關於這事的書籍。

好多年間，偉大的天文學者，對於這個問題，守着沉默的態度。他以爲寫些別種書籍總妥當吧！這次他不說相信地球運行的話了；他假設有三個人關於這個問題作紙上的討論。本書就是教會的牧師也可以讀的。

但牧師們仍以爲這書是使大家相信地球運行的。伽利略被召到羅馬去受裁判。十個法官審問他。

「你又犯罪了！」他說：「你可取消你所說的話，否則你應受罰。」

伽利略那時已經是七十歲的蹣跚老人了。他怕當作「異端者」處罰，便簽字於下面這樣寫着的紙上：

「我將停止地球是動的這種錯誤思想，我不再去把他教人，把他著書了。」

「然而總之地球是運行的。」他在簽字後囁嚅地說着這樣的話。

伽利略因爲要證明不再著書的一句話，便像囚人般地閑居在自己家中。他的目光漸漸衰退，不久他完全變成盲人了。一年後他便死去。

伽利略所完成的事業，決不能忘卻。他使我們知道，我們所生活着的世界，到底是怎樣一個東西。

五七 沙士比亞

英國依利沙伯女王時代，產生了一個有名的詩人，就是沙士比亞。

沙士比亞誕生於斯脫剌脫霍特村上，大概在千五百六十四年。關於他的生辰，沒有什麼記錄傳下來，只曉得他在那年四月二十四日受洗禮。那時的嬰孩，通常是生後兩三日內受洗禮的。他六七歲時，就進學校了。那時斯脫剌脫霍特村上，不論冬夏，學生同樣去上學。冬天早晨在天還暗的時候，便要上學了，夏天早上六點鐘進學，直到下午六點鐘。學生整天在學校裏用功。

沙士比亞在學校裏讀書讀到十三歲，輟學。他有時也受鞭打，但他學校裏的先生，並不是十分糊塗的人。教授的科目，是習字，算盤，拉丁語。

沙士比亞的父親，當時是斯脫剌脫霍特村的參議會議長。他還有一個執行機關，同時還忙着做生意。他做些什麼生意，我們雖不十分明白，祇曉得是賣肉和販羊毛的，還曉得他做手套來賣。

在幾年裏面，沙士比亞的父親，過着頗好的生活，但後來漸漸地要借債了，大概這是孩子們多起來的緣故，於是沙士比亞不能不停學了。

五八 靑年沙士比亞的往倫敦

結婚在沙士比亞是不幸福的，二三年之後，他便離去斯脫剌脫霍特了，雖有時偶或回鄉一次，但直至他的晚年，是不回去久住的。

他離去斯脫剌脫霍特的緣故，我們不能確實知道，在一個從來的傳說中是這樣說：

「斯脫剌脫霍特的附近，有一個廣有田地的貴族，他的名字叫做陀買斯路西，有一天沙士比亞到路西的森林裏去打了一隻鹿。他從前雖也做過這種事情，但這回被捉住了。路西本來不滿意沙士比亞家族的，尤其厭惡有自尊心的兒子。沙士比亞因此為了避免紛爭而逃亡了。」

這個傳說，是否眞實，不能斷定，最靠得住的，大概要算沙士比亞為了不滿意於妻子而逃亡的一說了。他們雖也有三個孩子，但仍舊不足把他留住。

沙士比亞時代劇場的外表。

青年的丈夫，到什麼地方去呢？

是往倫敦的，當時這個都市祇有現在的十分之一面積，但在英國人，已把牠作為一切的中心了。

沙士比亞的心裏，除到首都去的打算以外，還含着悲傷的成分。但我們不相信他竟因此而頹喪。僅僅二十二歲青年壯健的他，精神充足，不論何時決計不會灰心。大概他在未到倫敦之前，已經在做名開各地而會見依利沙伯女王和宮中美女的光輝幻夢了。

到了倫敦之後，他已找到自己謀生的工作。歷史家說他曾替往來市外劇場的人趕馬車沙士比亞因爲在場附近做事，和幾個優伶交際了，而且無疑地他已抱着自己做優伶的願望。

後來沙士比亞便在劇場內做事，逐漸地訂正舞臺上用的脚本。

五九　女王的御覽

在沙士比亞時代，劇場常在午後開演。非常多的人羣，爲觀戲而流入倫敦的郊外。偶然也有不做戲，而舉行比劍或鬭熊等遊藝的。

那時代的大臣嘆息說：

「人們若聽見有傷風化的戲劇開演，就成千地向那邊聚集攏來了；但在祈禱時，即使教堂的鐘高響着去講道的，恐怕不滿百人吧！」

進劇場去的人們，必須付一便士的入場費。付了一便士，誰都可以立着看了；否則可以在舞臺前低下的大場上坐着看。若要坐在看臺上，須再拿出一便士。若希望非常漂亮的椅子，更須付一便士。

沙士比亞抵倫敦後，不到幾年，就擔任劇場內部的職務了。他最初的職務，是稱爲幕內的助手工作，是指導忘卻歌詞的劇員。

他後來得到機會自己創寫上舞臺排演的脚本。那時通行的脚本，有些雖做得很好，都不是很完美的。沙士比亞從一本脚本中，削去最好的部分，成爲觀客所喜歡的結構，在這上面，表示他的才能。

沙士比亞在訂正脚本之外，還自己扮演戲劇。當然他在這方面也表示出才能來。因爲不久他得到在依利沙伯女王之前演戲的光榮。在舊時記錄中說：他是在克利尼氣王宮扮演兩齣戲而蒙褒獎的三個演員中之一。沙士比亞在那時還祇三十五歲。

六〇 沙士比亞的偉大事業

沙士比亞不滿意於短篇的古脚本，並不滿意於種種式樣的說白。他就抱着把某部分改過便會更好的自信心了。這種自信心就使他做成許多脚本。有一個馬羅威大作家，在這種工作上，常常幫助他。

沙士比亞自己寫的第一篇脚本是戀的徒勞。這脚本寫好之後，他的生活便大部分耗費於寫脚本了。有時他採取浮在自己思想中的題材來寫作。

但他更常常採取古代的題材，——許多人所知道的某故事，——而寫成美麗有力的脚本。

我且把沙士比亞的脚本所具有的不可思議的力量來對你們講一講。你們年紀再大一些，自己可以去讀沙士比亞的脚本，是很好的故事。

從這一點想來，你們實在有去讀一回的價值。這裏面有些是拙劣的打諢，你們留意着吧，這些打諢，光是迎合品格卑下的觀客們而寫的。但這些打諢並不足玷汚沙士比亞。讀了他這種本質高貴的作品，當然能夠明白作品中的人物，如何地吻合於實際生活，大概你們還留意不到這些地方。

你們讀羅歐蜜和裘利脫時，若到了講美麗女王的節目時，你們將要放下書本，朦朧地想了。他想迷惑戀人而去追趕他們的。

他的花車「是有美麗輪子的四輪車，他的馬是可愛的仔馬，鞭是皮鞭。」

沙士比亞是生活有意義的少數天才中之一。他壯年的大部分，不僅是寫脚本，還費在排演脚本上。他一方面還要寫現在已傳播得很廣的那些長詩。有幾年裏，他做一隊優伶的頭目，這隊優伶是巡行英國各地，在幾十個都市裏演劇。

斯脫剌脫霍特村的偉大詩人，到五十二歲死了。許多作家雖是更長壽些，但劇作家的他，卻不能同那些人一般長壽。

沙士比亞只有一個兒子，幼年時便死去了；但這詩人，幸而能看見他女兒的結婚而死。

六一　普通教育和高等教育

有些孩子想來學校的上課，是頗困難的。但是如果那些孩子，叫他進中世紀的學校去，大概他要更加感到苦痛吧！

這是很不幸的事情，當中世紀時只有很少數的女孩子，有受一點學業的機會。他們住在家裏由大人那邊受到少許教育就算滿足了。至於研究許多門學問在女人是了不得的一回事。

男孩子有比較好的境遇，可是能夠學習讀書寫字的也是極少的一部分，大概一百人裏不過五個光景吧！

上學校去的孩子，受到頗苦的教育。他們一有錯誤，就要被先生毒打。所研究的是些沒趣味的東西，主要的是學拉丁語，有許多學校裏，每週用拉丁文作一篇文作爲學生的練習。拉丁語研究完畢，有些學生便中止；有些到專門學校或大學裏去求學了。

在英吉利主要的大學是：牛津大學和劍橋大學，此外蘇格蘭有四所大學，愛爾蘭有一所大學。意大利一共有十二所左右。都市中都喜設立大學。

許多專門學校裏的教授們，常抱自己的講義，在學生面前誦讀的。

這當然是常常要疲倦厭煩的。因此有些大學還訂有規則，當教授誦讀講義時，學生不得呼叫或吹口笛，而且還有些規則裏，禁止學生投石塊到講堂裏去。

在大學裏所研究的，大部分是宗教，法律，和藥物學等。

六二 大學中的辯論和爭鬧

中世紀的學生們腰裏常掛着刺刀和劍。有些是不用功的胡鬧者。他們通常賭博，喝酒，過着寫意的生活。

你們試想刺刀有什麼用？這常用作爲市人們互相爭鬧時的武器。牛津，劍橋，巴黎，哥龍等有大學的都市，除學生以外，還有許多人住着。他們常常和經過大學的胡鬧羣衆衝突。

德國的學生

有時學生們自己爭鬧。牛津大學內，愛爾蘭籍學生和蘇格蘭籍學生，作劇烈的衝突。

牛津大學，爲了使學生停止爭鬧，於是定下罰金的辦法。用拳相打的學生，罰金四先令；用石塊和棍棒相打的罰金，是六先令八便士；用刺刀，劍，手斧等兇器爭鬧的，處罰金以十先令。

有一次學生獨馬斯·倫加斯泰卿和一個名叫詹姆·瑪屯的教師，起某種爭論。瑪屯的妻子，幫助丈夫，參加辯論；倫加斯泰卿得西門·瑪謝兒的援助。

這四個人，不訴諸法律，用更緩和的手段，來解決爭端。大學幹部的一人，聽了他們的話之後說：

「關於你們這次爭論，不能訴諸法律，也不能互相扭打，不可互相謾罵，不可互相輕蔑。」

「不要這般做，你們還是一塊兒會面好，一方面拿出鵝肉和酒來，一方面拿出麪包和啤酒來。」

學生們因為在大間的寄宿舍內，一同生活，所以非常騷亂。他們常常不依規則喫麪包喝水，有時他們因為一面就食一面高聲讀聖經而被罰。

六三 貴族的生活

中世紀許多城裏都種滿了樹木花卉。城內若是有河的便沿河造起庭園來了。

領主和貴婦人們，要求幽靜的娛樂，常常到城中的庭園裏去玩耍。他們喜歡看看花草，聽聽小鳥的歌聲。

貴婦人們以及有爵位的夫人們，還常常到庭園中去紮花冠和花圈。花圈是普通婦人們裝飾用的，花冠是騎士們有時為表示榮耀而戴的。

在中世紀末這樣的城已被建造了。如何結實的塔呀！領主和貴婦人們，從很大的城壁走出，可以在庭園裏散步遊玩。

羅思水羅脫的某種故事裏說「除掉金曜日和日曜日別的日子，是都戴薔薇花冠的。」

小鳥也常常被養着玩。有些是關在籠子裏的，有些就是放飼，也非常馴服不會逃去。被喜歡飼養的小鳥，有雲雀，鵲，鸚鵡等。雲雀的啼聲很宛囀可愛，鸚鵡和鵲能模仿人的話，所以都被寵愛。鸚鵡是不容易得到的鳥，鵲呢，卻和他相反，無論什麼地方都有。

除宴會和跳舞會的時候外，城中的人往往八九點鐘就睡覺。在那時的社會，電燈和瓦斯燈當然沒有，就是昏暗的煤油燈，也還不會想出呢。

六四 城內的遊玩

中世紀的貴族們，非常喜歡賭博。如果他們所帶的金錢，完全輸光，他們便用衣服來賭了；他們的大衣，非常貴重值錢。

人一去賭博，正直的心漸漸喪失。

當時擲骰子玩紙牌的遊戲，都很通行。王和僧正，幾次三番想禁止這種骰子和紙牌，他們的命令雖也發生了些效果，但決不能完全禁絕。

在一切遊戲裏，最通行的要算將棊了。這種遊戲，從什麼時候起呢！我們也不很明白。大概最初流行於印度。巴比倫人和波斯人，也很愛玩。

當中世紀時，城內不玩將碁的處所，幾乎可說是沒有的。而且還用以賭錢。王和僧正，雖想用法律和訓令來禁止他，但是一些也沒有效果。

將碁大概是室內遊戲中最流行的一種。人倘若一學會了，便放不下手。就一方面說，這實在是一種鍛鍊智力的遊戲。

城內的將碁遊玩。

在一千年以前，法蘭西已經通行這種將碁了。

法國，英國，德國的騎士們，常參加十字軍的時候，他們大都玩着將碁。在不和阿剌伯人作戰時，大半在營幕中，把將碁作消遣。對方的阿剌伯人，也是同樣喜歡這種遊戲。當然，敵己雙方在同一時代都玩着同一的娛樂品。

這種將碁被稱做「戰爭的遊戲」。雙方各有兩個騎士，兩個僧正，兩個城，一個王和女王。女王和別的駒馬成對便更強了。女王是王的有力的護衛，在使王避去敵人的襲擊方面是有力量的。兩方還各有八個「步」，就是兵卒。

和丈夫同樣，貴族的婦人們，當戰事不發生時，也在城中，玩着將碁消遣。

六五　中世紀的跳舞

中世紀時，跳舞非常流行，有些人，別的事情幾乎什麼也不做，儘是一味地跳舞。他們不論早上，中午，晚上，總是玩着跳舞。然而那時的跳舞很不成樣子，像現在的跳舞是沒有的。喜歡而常跳的一種跳舞，叫做迴旋舞。男女們大家牽着手，圍成一圈子。笛咧，鼓咧，梵啞鈴咧，等等樂器奏起來，他們便跳着旋轉來。而且依着順序，每人唱一節歌。

當行結婚式的時候，通常舉行巨火跳舞，舞者都互相輕鬆地牽着手，兩個人一組組地分開來。男人點着火把，高高地舉起。一面旋轉，一面互相試去吹熄別人的火把。

不論男女跳舞時，一定要戴普通的帽子和制帽。騎士常常在跳舞開始前脫去甲冑。但是有些地方，也有穿了鎖子鎧跳舞的。

到後來，又通行化裝跳舞了，在許多人想來，舉行化裝跳舞是有失品格的。但他們自己卻這樣說：「我們化裝了，就是做出怎樣的事情來，誰能夠辨別呢！」

他們以爲自己所做的，只有自己明白。

某化裝跳舞會，簡直使法國半國同瘋狂一樣。王和四個朋友，也扮成野蠻人的式樣去參加。他們竟穿着光是毛皮做成的衣服。一切的人，都很驚奇地問：「他們到底是誰呢？」一個領主，繫着鎖鍊，向四個朋友方面走去。但是他不小心，用蠟燭火去照某朋友的頭髮，於是化裝的毛便着火了。這眞是了不得的事件！一轉眼四個人一起燒死了。祇有王被救出。

這裏所附的畫裏所表現的不是化裝跳舞會的情景，是中世紀單純跳舞會的情景。

六六　中世紀的宴會

中世紀在宮殿裏和大城裏吹起喇叭來，就是叫大家去赴宴。先搬水鉢過去，給大家洗手，水裏通常攙着清香的香水。男女一齊挨肩兒就席。有些地方，有一男一女在自己中間只放一只盃子和一只碟子的習慣，這叫做「同碟而食」，男女互相引以爲榮。

中世紀的跳舞

有些有錢的家庭裏，雇着專爲客人調製菜餚和搬運菜餚的僕役竟有二十五個到五十個之多。法蘭西的某王，有一百個光景僕人。

當時最大的最笨的宴會席上，有時用全身着鎧的僕役，搬運碗碟。他們還騎着馬，在廣大的廳上，

這宴會的客好像都是女人。請看彈豎琴的和他脚邊的狗。

往來於席間，馬上也披着白色或灰色的衣服。

一個法國的著作家關於恩裘伯爵的宴會這樣記着：

「檯子的中央是置着用孔雀的羽毛和綠的樹枝製成的裝飾品看起來好像草原枝上紮着堇花或別的成束的草花。

「最初的菜餚是野兎肉，鹿肉，雞肉，燒犢肉等，檯子角上有一隻大鍋，鍋裏裝着一隻小鹿，一隻小鵝，三隻鴨，六隻雞，十隻鳩，一隻子兎而且還有二十六個煮硬的雞蛋。

「接着搬出來的是十二隻雞，一隻豬，一隻子山羊，一隻鹿，一隻大鴨，一隻野豬，紅白的櫻桃，切成薄片的乳油莓子，用薔薇香水蒸過的西洋李子等，最後是葡萄酒，果子，有甜味的蛋糕等。」

有時在宴會的客廳地板上，開一扇活動的門，檯子便像使魔術一般，從這門中進出拖動。

六七　從前的裝飾

人們的風俗，是跟着時代的變遷而變遷的。大家決不是永遠穿同樣的衣服，戴同樣的帽子，打扮同樣的裝飾。

在這裏有一隊婦人的畫，這是生長在科倫布未發見美洲時的婦人的畫像。她們都騎了馬，穿着直蓋到脚下的寬大長衣。倘若細細看起來，便明白沒有兩個戴同樣帽子的婦人。第一個女子是女王，他戴着所謂「尖塔帽」。這個尖塔，是模仿教堂裏的尖塔做成的。還有一個婦人雖戴着相似的帽子，但是沒有像女王那般高。

這張奇妙的圖，是畫着當尖塔帽流行時代的女王和五個貴婦人。

這種尖塔帽，在英國，法國，流行很廣，這可以使短小的婦人，看去覺得高些。高的婦人，更覺得塔也似地矗立在高高的男人上面。戴這樣帽子的婦人，當進門口時，一不小心帽子便要碰損。據說那時法蘭西的某王，爲了想使女王和貴婦人可以自由進出起見，特地叫木匠把城門改大。

和這同世紀，還有一種帽叫做「角帽」，帽上有兩個尖聳的部分或角，人們看去好像是向前突出的牡牛角。據說有些地方，對於這種帽子當作惡魔看待，非常厭惡。

僧侶和牧師不喜歡這種新式樣的帽子。他們裏面有幾個人，說婦人這種裝飾是不好的，到處巡行勸導演講。但婦人們祇有當他們演講時，把那種帽子脫下放在家裏來聽一回去又戴上了。丈夫們也不喜歡尖塔帽子，和有角的帽子，因爲這很費錢但他們無法使妻子們不隨從這種風尚。

六八　衣服皮鞋及長襪

過去千五百年的長時間，歐洲婦人們差不多都拖着長裾過日子。這種長裾常常一直拖到地上，有時拖在地上竟有幾碼之長。歐洲婦人穿着蓋到脚尖這樣長的衣服，還是從二三百年前起的。這裏所附的一圖，是依利沙伯女王時代的兩個婦人，她們着的長裾，在我們看來雖覺得長，但那時的風俗，並不算得特別長呢。請看時式的頸圍吧！還是英國和歐洲大陸共通流行的風俗，男子也和女子一樣，戴着這種頸圍。

這樣的衣服，在我們看來似乎覺得稍長一些，但和三四百年前婦人所穿的比起來，倒反嫌短了。

婦人在家庭裏，祇穿低低的皮鞋。但是，到外面去時，常常重疊地穿上大的套鞋。她們的穿套鞋的目的，也和現在我們一樣；但是沒有做得像現在這樣好，而且有時還裝着軟木做的高跟。這種高跟，是要增高自己身材的婦人穿的。

長襪，通常用布縫成，縫級的技術，那時還不高明。法蘭西某王，當女兒行結婚式時，穿了手縫的長絹襪，這事便非常有名的了。

六九 從簡單衣服到裝輪的長裾

在一千六百七十五年，英國的婦人們，已經厭惡那種圍在頸上的不自由的頸圍，不久她們對於走路時非常礙步的長裾也厭惡起來。於是式樣較簡單的衣服便創行出來了。

你們如果看一看圖中左邊的兩個婦人，你們便可看出她們已穿着較爽快的衣服，背後雖然稍爲長一些，但前面總離地一兩吋，這樣她們可以露出自己所穿的靴。

如果這種簡單的服裝一直通行下去，實在很好，可是這種事情是希望不到的。流行式樣的創始者，已開始穿著張開的衣裾了。因爲要把衣裾張開，所以裏面裝一個鯨骨製成的輪。圖中右邊有三個婦人，都穿着衣裾膨大的衣服。

婦人穿了這樣服裝，因爲進門時兩邊要碰住，所以只有將輪折疊攏坐凳子或安樂椅時，她必定要占男人兩三倍的席位。

左邊的婦人穿着頗輕便的衣服，但右邊的婦人們，膨脹着腰圍，這後來變成流行格式了。

這種服裝，男子們不很喜歡。有一個滑稽畫家，畫了一輛四輪馬車，這馬車爲了着裝輪長裾的婦人們而造的，車頂開着，婦人們上車下車都很方便。

但經過三十年光景，這種裝輪長裾，又不通行，而回復從前的式樣了。

七〇 高髻的流行

在婦人的流行式樣中，我想沒有再比山一般的高髻更奇妙的了。這是在兩百年前通行的，流行了六十年之久。

在講述這種裝飾之前，先看一張從實描寫那時代的婦人頭部的圖像。這圖中所看到一般，大部分用頭髮架成，頂上結着羽毛，這樣的高髻，流行於貴族和富人的夫人間。她們本來沒有什麼工作，儘有空閒的時間，可以把自己的頭髮這般裝飾。

高的頭飾

你們一定要覺得奇怪，頭髮怎樣可以裝成這等式樣。這先由巧妙的首飾匠製造成一個架子，架子的外面，用婦人的頭髮或店中出賣的假毛包着，頂上常常飾着鴕鳥和孔雀的羽毛。

貴婦人的梳流行高髻，要費去一整天的時間，但可以好久不梳而保存着。有些梳頭人說：「能夠梳可以保持三個月的高髻。」

梳着這般高髻的婦人，當乘坐車頂稍低的四輪馬車時，就爲難了。她們祇好屈伏而跪在車底上，也有把頭伸在窗外的。

七一　染臉的風氣

現代還有些婦人們，在臉上搽施紅色，作爲裝飾。在幾年前，婦人用白紅兩種顏色，白色使肌膚美觀，紅色使兩頰帶健康的血色。

這樣的化裝不見得怎樣美觀，但她們並不顧到這些。她們總以爲如此能使自己美觀。

婦人曾有愛在臉上印圖樣的時代。

現代尚有極少數好奇的婦人，喜在臉部飾上黑斑，這普通是剪取了英國的黑色橡皮膏來貼的。但在三百年前，這等好奇的人很多。有些婦人單加上黑點還不夠，她們還在臉上描着圓形，星形，新月形。這裏的插圖中的婦人，把兩匹馬（各馬都騎着一個御者）拉四輪馬車的圖樣，描在自己額上。

在臉上畫圖樣這種思想，大概是從「女神配那斯頰上的有黑痣」的古代傳說產生的。

此後，法蘭西婦人之間，又流行帶小鏡了。這種鏡子，有時縫在襯衫上，有時掛在帶上。在裝飾頭髮和用假黑斑的時代，帶了小鏡子就非常方便。

散步時用的手杖，那時的貴婦也常常使用。而且手杖的柄上，細細地彫刻着小鳥等的圖形

七二 奇形怪狀的皮鞋

不久以前中國的讀書人，有把指爪蓄得長長的習慣，這種習慣頗覺可笑。我們如果上溯歐洲的歷史一看，也可以看到許多非常奇妙的習慣。有一種幾百年前男子們間流行的習慣，是穿着絕非必要的長頭皮鞋。

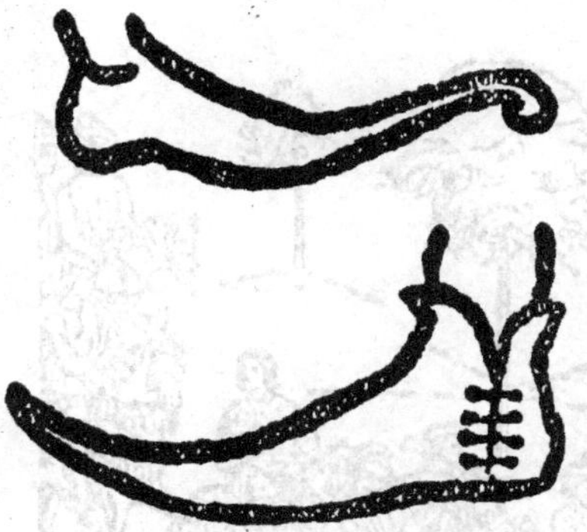

歐洲古代的二隻尖頭皮鞋，一隻是有鞋紐繫着的。

那時代流行的兩種長頭皮鞋，就像插圖所示的一樣。這種皮鞋若和當時別種皮鞋比較起來，還算不得長呢。

別種鞋尖有六寸或一呎長，或從趾頭起有二尺光景那麼長。鞋尖裏塞滿了乾草，羊毛，苔等。穿這些皮鞋的人，當然是無所事事的富人。所以直到現在，還可以聽到法蘭西人指富人的話說：「他是皮鞋裏塞着乾草的。」

當然，現在法蘭西的富人，並不在皮鞋裏塞乾草了。長長的鞋尖，走路時常常要絆跌，爲預防起見，所以把鞋尖用紐扣細鍊，繫在腰部或其他部分，至少有一種皮鞋，可以把鞋尖像圖裏這般繫在小腿上。

然而男子們，不久便知道這種式樣太笨了。他們便把鞋尖逐漸縮短。到後來，鞋尖幾乎沒有。

七三　中世紀的騎士

中世紀時，有許多兒子的領主或男爵們自己死後，領地該怎樣處分，不能不預先規定。有時把領地完全傳給長子，於是別的幾個，不能不自己去打算生活的方法。有時也把領地都分給各兒子們。但因為領地分做許多份，每一個兒子，所受的土地，就很少很少。所以貴族的兒子們，有的祇得很少的土地，有的連一點也得不到，這種情形，就易使他們陷於普通人地位。因此做父親的人，總想怎樣來防止牠。最通行的辦法，便是使孩子們去做騎士。

在主人馬前走的侍童和執戟者。

上了七歲，騎士或貴族們的孩子，在他們母親膝下，已經早早受騎士的教育了。他如果是富裕貴族的兒子，那末也許住在父親的城中。否則他大概要被送到更大的城中去學習。

到了十四歲便去做領主和貴族婦人的侍童，大都是做些零碎雜事，伴着領主出去打獵時，在領主身邊，拿餘剩的槍和箭等事。

這些侍童也有少數跟着住在城內的僧侶們讀書。他們有時還學習彈奏豎琴，以及且彈且唱浪漫的歌詞。過了十四歲，便擔任執鐙了。主要的事務：便是好好地看顧領主的馬和鐙。每天早上要梳馬，及查查馬蹄的鐵是否堅牢，拂拭領主的胄和盾，和當心使鎖子，鎧不生鐵銹等事，

這些執鐙者也常常進出跳舞場，他們在跳舞場裏也有要做的事務。

但跳舞場在他到底是愉快的處所。否舞蹈，聽音樂，心中當然快樂，而且他們也一定參加那種團聚着暢談的隊裏去。

有時有木材製成的玩具騎士。他們空閑時，便在檯子上玩耍，連人帶馬地一起推進，用筆直的槍，刺對手的騎士。倘若兩根槍一齊折斷，便是並手。如果別一根折斷，自己一根不斷，勝利便歸於他了。而且他的確感到勇將的誇耀。

比什麼都滑稽的事情，要算執鐙者和領主共同遇到危險時的情形了。那時執鐙者不許着鎧。他必須在領主身邊，跨着馬，拿槍，盾和領主的胄。領主因爲太重着了這些衣服不能走路，所以鎧在應戰以前，總叫執鐙者拿着，如果看見敵人，執鐙者便立刻將盾，胄，鎗等，交給領主。

執鐙者過着這樣的生活，到了二十歲或二十一歲，他已經積得做騎士的教養了。

七四　騎士的任命

執鎧者到了有資格做騎士的時候，這在他的全生活中是最顯達的一段。在英國本來有騎士由僧侶任命的習慣。但是到了北方民族來了之後，這種習慣就被廢止，青年們受貴族或騎士的任命了。而且在接受騎士徽章之前，他要受幾天的祈禱。然後再去沐浴。

中世紀的城內，有怎樣的共同浴池，我們不很明白。想來總不很少吧！這裏所說的沐浴，有因此把身體弄清潔的意義。而他爲了要表示清淨起見，便着白色的長衣了。有些地方，把紅和黑的罩衣，罩在上面，這種色彩，便是表示爲了名譽和教會，無論怎樣艱苦的事情，也會去做的，以及「不怕死」的意義。

最後，青年便被用拳敲打頸後咧！或是用劍敲肩頭咧！

中世紀的騎士

「在神和水脫米加愛兒水脫愁徐之前，我給你以騎士之名。」行騎士任命的人是這樣說。

新受任命的騎士，現在不能不掙自己的財產了。如果他是貧苦的呢，大概仍去求舊主人的雇用。貴族們因爲要他們在戰爭時出力，所以喜歡他們，給他們俸銀，給他們顯示勇敢的機會。所謂勇敢就是在戰場上殺敵。領主和別的領主是常常戰爭的。而且這種戰爭，總是陸地戰爭。

上面所附的一張圖，畫着半跪在自己馬前的一個騎士，他用十字架作爲裝飾。請看他戴着的頭

執鐙者

巾吧！是用連結着的小金屬圈做成的，還用同樣的金屬衣，將腕肩身體和脚各部分包裹起來。他的脚和小腿上，也用比較大的金屬圈製成的東西遮着。此外還有槍和劍，拍馬刺等帶在身上。

還有一張畫，是一個執鐙者倚在馬背上的圖。這個執鐙者看去像在沉思，也許他是糊塗人，什麼事情也不做，只依靠着馬背。他好像不只二十一歲。大概他不受騎士的教養，仍舊做用人也未可知。騎士裏面，頗有像這個執鐙者般——做了別人的用人而毫不介意的糊塗人。

七五　騎士的巡遊

在歐洲幾百年間，有到處漂流的許多騎士。他們除追求冒險以外，不知什麼事是應該做的。大家對於這樣的騎士，叫做「武者修業的騎士」，就是「巡遊的騎士」。

這種騎士只獨自一人，或帶一個執鐙者做伴，旅行各地。在雨天，馬踏着路邊水溝，連騎士也濺得滿身是泥了。然而在天氣好的日子，想來他們總能很快活地過着旅行生活吧！

騎士的巡遊者，也像徒步徘徊的僧祉僧，可以眺望美麗的風景，——林木葱蘢的山谷，高城，小村落，高低屈折的河流。最有趣的，要算幾乎一切城壁都須供給他膳宿這事了。巡遊的騎士，須由別的騎士照顧，這實在已是不成文的實際法律。

但是領主也有向求供給膳宿的騎士索取代價的。這種代價，不是金錢。是請他馬上比賽和槍術比賽。在當時當然沒有網球，足球這些有趣的東西，所以城內的生活非常單調，遇到旅行的騎士，領主便這樣說：

「請交一回手吧！」

於是他們便跨馬提槍，對打起來了。二人凶猛地互相突擊。但不能傷人。即是普通所說的傷，也只不過是偶然被從馬上推落時的微傷。

騎士們在城內綠草場中比槍的情形，人們從城壁中觀覽。

有時騎士立在路口或橋邊，會有好戰的別個騎士來向他挑戰。有些地方，被打敗的騎士，有把自己的鎖子，鎧送給對手的習慣。所以本領高強的騎士，跟着的執鎧者，常拿着力所能及的許多鎧。

騎士們知道美麗的夫人，小姐們，常喜歡會幹勇敢事業的男子，爲了要使她們稱贊自己，所以和路上碰到的騎士比賽囘來之後，便誇說自己的功績，他們在這種誇說裏，當然攙進許多假話，這是很明顯的。

七六　過去的風俗

公爵伯爵和中世紀其他貴族們，握着女兒們結婚的主權，青年的姑娘們，是不許自己去選擇丈夫的。

姑娘的父親，常常是這樣說：

「海倫呀！你和亞塞男爵結婚吧！」或是「瑪利呀！你和裘斯伯爵結婚吧！」

姑娘便順從了父親的意志。普通總是這樣。但也有不願依照父親的意思想私自逃出家庭，去和情人結婚的。而也有稍開通的父親，對求婚者說下面這種話的：

「女兒如果願意，那末便可結婚。」

在結婚之前，要行一個訂婚式。這儀式是由僧侶來舉行的。有些地方，在結婚前幾天舉行。但是，通常在結婚前一個月舉行。

七七 從前的孩子們

「是呀來咬蘋果吧！」

在中世紀，當孩子們聚着玩的時候，常常聽到這樣的話。咬就是用牙齒去捉住蘋果的意思。

中世紀孩子們的服裝。

這張圖裏就畫着孩子們在做那種遊戲的情形。他們裏面有兩個人張着口。蘋果向一方去近去一個人便想去咬住牠。這種遊戲，就是現在，尤其是聖誕日的前夜慶祝時，男女孩子們，也還是玩着的。

當時還有一種猜指頭的遊戲。我們也不妨叫做「指競爭」。一個人伸出兩個或三個或四個指頭來，別的人也要同時伸出同數的指頭來。

這種遊戲，在孩子們是非常有趣的。做審判的人，便代替伸錯指頭數的人來做這遊戲。

這種「指競爭」，從前的羅馬人間曾流行過，現在的意大利也還很通行呢！

男女孩子們，常常作拋球的玩意兒。大概這種玩意兒比較有趣味，不容易厭倦的。他們又玩陀螺，但那種陀螺，沒有像現在的這樣旋得長久。

女孩子們，又有自己的遊戲。他們常常聚集攏來唱唱歌曲。有些地方在地上立一根木棒，把環投過去，做投環的遊玩。此外，女孩子們，常常做的，就是捉迷藏和摸盲，還有洋囡囡也是中世紀的少女們很喜歡玩的。幼年姑娘們喜歡抱洋囡囡並把牠放在牀上，這是不論什麼時代不變的。

病室

七八　中世紀的病室

這裏所附的一幅圖，大抵是五百年前畫的，被收在一冊手抄本中那本書現在還保存在倫敦的大英博物院裏。一看圖便明白，這是表示病室的內部，男人的頭下面有一個枕頭放着把枕的一頭縛起來是那時的風氣。

害病的男人，由兩個女人看護着，大概是他的妻子和丫頭。妻子坐在火爐前面調藥，爐火上面掛着一隻盛着藥草的鍋子。要使牠能夠和別種液體混合，可以把藥草煮出汁來。妻子的膝頭，放着一本書，這好像是記明藥的調製法的書本。

中世紀的醫生，關於身體各部的作用不大知道。他們主要的治療法就是從人身上取血。他們不但不會治療，反而往往做出害人的事來。

六　資本社會

一　蒸汽力的研究

三百年前的蒸汽機。

古代希臘人，已經有一個稱做蒸汽機關的玩具。那是用上面有一個圓洞的壺，燒熱了壺裏的水，用蒸汽上衝的力，使一個球在空中跳舞。

如果希臘人研究起來，也許他們會把這樣蒸汽力來供實用。但是他們只把牠作爲玩具算了。因爲在希臘時代的貴族有許多奴隸會替他們做苦工的。

可是想把蒸汽力供實用的企圖，已繼續了幾世紀，而三百年前，歐洲人已發明了一個有用的機械。

畫在這裏的圖，是古代初供實用的蒸汽機。我們不知道這是誰製造的？意大利人布倫加，在千六百二十九年所著的某書裏，有這樣的一張插圖，他也說：「這不知道誰發明的？」

在最前面，像胸膛般的東西就是金屬鑄成的水鍋。頭上有個洞，大抵是用以裝水的。從鍋下燒起火來，蒸汽便發生了。

蒸汽噴出的唯一洞穴，就是連在口上的管子了。熱的蒸汽，猛烈地從管中衝出來，衝着輪子，輪便轉動了。這個輪又旋動上方的小輪，於是別一個輪又動了；結果兩根棒便一上一下地搗動。這棒便是搗穀槌，是搗桶內的穀物用的。這個蒸汽機，雖然不是很有用，但在別種機械的發明上，卻頗有助力。

二　拍並的青年期

二百五十年前，法蘭西有一個發明家，名叫拍並，他的名字幾乎要被遺忘了。他雖是失敗者，但他的確爲蒸汽機關的發明做下了一個基礎。

拍並的青年時代。

拍並生在法蘭西的一個村落中，他幼年時代大部分住在鄉間。長大後，他進大學，做醫生了。二十四歲就以醫生的資格去診視病者。可是他所注意的，並不在這些事上，他所以要嘗試一下的，是機械的發明。

做了幾個月的醫生，他終究拋棄了這職務，當時發明蒸汽機的狂熱，傳遍了歐洲。羅白脫渤爾是聰明的愛爾蘭人，在倫敦附近作蒸汽機的實驗。拍並去會他，總得到發表自己研究結果的機會不多時，他又發明了新式的機械，表示他的特異才能；薄爾很懇切地款待他，他在英國幸福地住了三年。

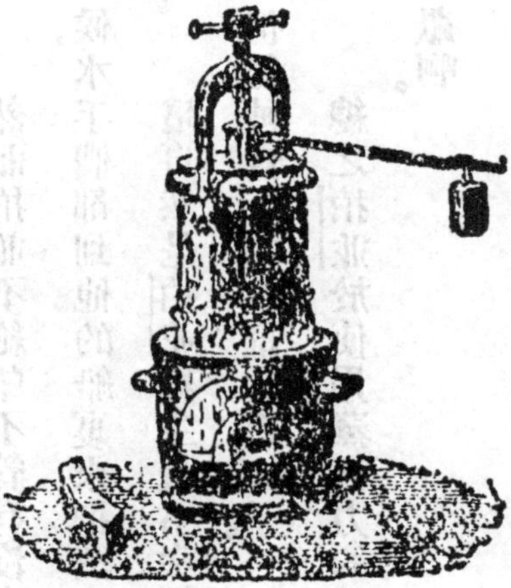

拍並發明的蒸汽鍋。

此後，他受威尼斯的聘請，又從事於蒸汽機發明的事業。他在威尼斯過着幸福的生活。但是後來他因了別的事不能不停止工作了。等他再回英國時，他親愛的朋友薄爾已經死去；這時貧困的拍並已再不繼續他的工作了。

他只好回到法蘭西去，又發見了不稱心的事，他失望了，但是，那時接到了一封從德意志寄來的信，道是請他去做馬兒步威皮大學的教授。

三 發明家暮年的悲哀

說要請他去做馬兒步威皮大學教授時，拍並心裏充滿了喜悅。

他到那邊去，他希望繼續地作發明蒸汽機的事業。

他事實上有可着手於新發明的自信，他當空閑時製成小的蒸汽機，給自己的學生看。又不久，可以用蒸汽力來駛船的念頭在他心裏浮起來了。因此他就着手製造可以駛船的機關，辛苦努力的研究之後，便製成照自己所想的一個蒸汽機。

他完成這種發明，已費去了幾個月的努力；然而為了要實驗，去尋覓河道，又要費許多苦心，終於他把機關裝在小船上，在法蘭西河裏作實驗了。實驗的結果，實際上船雖也會得向前向後活動，但不能說已得到圓滿的成功。

把這機關改良之後，拍並把他的小船，拖到德國的威悉河裏，請求許他在這河裏航行，但被拒絕了。因為水手和船主們，都不喜歡有新式的船在這河裏航行。想來他們怕汽鍋爆發，衝撞了自己的船。然而拍並不絕望，不管有沒有人反對，他決意在威悉河上行駛；可是當他的船還沒有駛行的時候，水手們都到他的船裏來，把蒸汽機關搗毀了。

這自然是拍並終生最不幸的事。他回到法蘭西，垂暮餘年，雖還坐在椅上，仍舊做他的發明之夢，但終被貧乏的重量所壓住了。

總之，拍並於使用蒸汽力的發明上，已顯出了偉大的成功。如果他境遇更好，大概會有更多的貢獻啊。

四　詹姆士瓦特的設計

拍並死後四十年，有一個斯可脫剌恩脫的青年，叫做詹姆士瓦特。他的兩親，沒有足夠使他升學的經濟，他在格拉斯哥的大學裏辦事。但他是一個聰明的青年，他在大學裏的職務，是製造機械模型。

模型就是縮小實物的模造品。大學的教授們，爲了要給學生看機械是怎樣轉動的，必須要用模型。瓦特一面在製造模型，一面在推想世間上的實物。

在幾年前，有一個發明家名叫牛可姆，製成蒸汽抽水筒，這是鑛山中吸水用的。

有一天，教師拿了牛可姆的抽水筒到瓦特這裏來，說道：

「這個模型破了，請你替我修理一下！」

那時瓦特着手修理了；從一部分到別部分這樣修理下去，在工作漸逐進行中，他是自言自語地說：

「這種機械，各部分都做得很好，但還不能十分巧妙地運轉。在運轉方面，還有不十分仔細的地方。蒸汽必須用別一種方法，使他壓縮。」

瓦特把自己所改良的部分，配在那個抽水筒上，送還教授，而且心裏還在打算該怎樣才能做成更好的抽水筒！

瓦特本來喜作「成功的迷夢」，這自然不能算是壞事，然而如果只有空想，不能實現，那末這有什麼用呢！

瓦特雖說想實現自己的理想，但無從努力起，一年一年地過去。然而幸福的機會終於到來了，他和一個贊美他夢想的青年女子結婚。於是勉勵他去着手工作。「請做呀！詹姆士！」她勉勵着說「請做成蒸汽機關呀！這是世界上非常有用的呢！」

五 瓦特的成功

瓦特於結婚之後，熱中於製造新式的蒸汽抽水筒。一天一天，一月一月地工作着，最後終於做成功了。在鑛山中實驗，比牛可姆所發明的要好得多。

這事之後，瓦特便埋頭於發明事業。這大概受妻子勸勉的影響很大。

他想把計劃應用於實際，而着手工作了。

這種新的計劃，比以前所實現的更為偉大，那是基於別種原理而製造一個蒸汽機關實驗起來，運轉得很好，但瓦特因為缺乏進行他事業的所需，非常着慌。

當時在英國北明翰地方有一個名叫馬台由僕鳥兒敦的人，他對於瓦特的事業很有興味，就拿出錢來幫助他，而且在北明翰左近，建立一個大工作場，瓦特可以在裏面更方便地實現自己的計劃了。

千七百七十五年，瓦特在這工作場裏作自己發明品的實驗。不多時，他已發見了比別種更好的蒸汽機關。

這種新式的蒸汽機關在工場裏運轉車輪非常有用，不多時有些工場裏就用汽力來代替水力，四五十年之後就被普遍地應用了。但在那時瓦特已早早死去了。

六 千七百七十年的蒸汽馬車

千七百七十年所製造的無馬的馬車，就是應用蒸汽力的。

因為瓦特的蒸汽機關，式樣做得很好，有些人便想應用到馬車和貨車上去。格拉斯哥的一個學生，最先留意到這件事，去對瓦特說。但那時瓦特專心於蒸汽機關的改良對於這事並不去着手試驗。

一方面法蘭西已製成更有趣的機械。像這插圖上的，就是其中之一。像你們所看到這般，這是後面有兩個大輪，前面只有一輪的火車。

前輪的前面連着一個大汽鍋。這不僅用以盛水，下面還有燒火的地方。有一個小煙囪從燒火的地方露出。

火的熱力煮沸了水，變成蒸汽，蒸汽通過管而迸出，受着壓縮的很多很多蒸汽，一齊會集在小地方。蒸汽是愈受壓縮，力量愈大，所以便有非常大的力量，推動車輪了。

我雖不能把這機械的內外構造完全對你們說明，但從曲管迸出的蒸汽，的確推動了前方的車輪。

這種車實際上是不能開駛的，只能慢慢地走。而且常常要停頓，因爲蒸汽完了的時候，開車者不能不等待重新燃火製造蒸汽。

車的舵由坐在前面的人握着，這是很辛苦的工作。而且像這插圖中所繪，如果車子去碰了有石頭的地方，那無論如何不能行動了。

七 電的發明

世界上如果沒有電，將怎樣呢？當然，「沒有電」是不可能的，但和現在情形完全不同，那是可以的。

第一，夜裏房內的燈火暗得爲難了；再次街上見不到汽車了；市街電車也不同現在的樣子了；各種工場，也不能不使用什麽別種動力而長途電車也不能不退到以前的蒸汽機關車了。

這一切東西，都須靠我們叫牠「電」的這種不可思議的動力。因此我想對你們講講「人們怎樣開始研究電。」這電在英文叫做 Electricity，牠的語源是古代希臘語的 Electron，在希臘語中，就是琥珀的意義。

希臘的婦人將琥珀珠用線穿着做裝飾品。這時候，不知誰發見了用勁磨擦琥珀可以吸引毛髮或線頭這些東西。聽見了這事的別個希臘人，照樣去試驗，而且想到把這琥珀做成玩具倒有趣咧！可是那時的希臘人毫不知道自己已在玩弄着對於後世人類有莫大幫助的一種動力。

經過了中世紀之後，那時又有些人利用琥珀做玩具。這些人又發見玻璃和絹相磨擦，也可以發生和擦琥珀時同樣的作用，

奧脫該利開發明的硫黃球，他一手捻搖，一手去擦球而發生電氣。

不久，便用玻璃管發電了。玻璃管用毛織物的布片擦起來，擦得閃閃發光，又可以吸住紙片。有時用玻璃球代替玻璃管。

三百年以前，德國人奧脫該利開造了一個有一部分是硫黃的球，磨擦起來，能夠發生頗強的閃光，吸住羽毛和紙片。這種光在暗室裏格外看得出。

八 玻璃的迴旋舞

應用電氣的交流舞。

這裏所附的插圖，是表示「玻璃交流舞」的，畫這圖的人，描着穿了那時流行衣服的一男一女。女子右手拿了一根鐵棒，這棒聯繫在發電機械上；因此電流便通到她的身上來，電流經過她的身體，而且通到她別一隻手拿着的鍋裏。男子這面，拿着在下面的盤，盤裏盛滿了碎玻璃，於是便成爲「交流舞」。電流從上面的鍋裏，向下通過去，玻璃片便上下飛動。

有些電的試驗，不能很順利地進行，許多人爲電流所殺，但他們的死，不是空死的。由這種人的活動，促進人類作新動力的研究。

九 電力渡河

千七百四十七年，英國出了一椿奇事，這就是電力渡河。請看那下面的圖吧！

這河便是泰姆士河，右邊是倫敦橋，圖的前面有九個人，其中六個人，只在觀看，三個人在工作。一個人在摩擦玻璃車，便發生電，電流暫時蓄積在玻璃瓶裏。

電流從這瓶裏傳到鐵練上，又傳到一個人的身上，這個人握住插在水中的鐵棒，便現出不可思議的奇事來了。

電已並不憑藉電線而渡過河了。而且對岸也有同樣揷在水中的鐵棒有人握住的通過那個人的身體傳到他一隻手執着的線上，這根線，又由乘着三隻小船的人們舉在水面；於是又回到原處的。因這種實驗，可以明白電這種東西能渡河，而立刻又回到原處的機械上來。

電流從河的這岸傳到對岸。

又從別一種實驗上，知道所謂電流，可以使放在對岸的玻璃杯中的酒精燃燒。許多人都在注視「電流一通到，火怎樣燒着呢？」然而幾乎不要所謂「時間」。實際當電通過時，當然不要什麼「時間」這種東西。

十　富蘭克林和大利巴兒

二百年前，西歐的人們，方纔注意到電氣發火花這樁事。有人留意到這火花能和天空偶然起的電光很相像，而發「難道電光就不過是極大的火花嗎？」的疑問。

亞美利加有一個獨自研究種種事物的人，這就是富蘭克林，富蘭克林的思考比歐洲人更進一步。

他所遺留下來的筆記簿裏，這樣寫着：

「在天空所起的電光，很像電的火花！光很相同，都有硫黃氣味，而且也同電所起火花一樣，是屈折進行，又像電的由水傳達一般，可以由雨傳達。但誰也不能斷定，電光和電氣是否是同樣的東西」。

富蘭克林寄一封信給住在英國的友人，中說自己對於這問題的意見。那個朋友，又寫信給法蘭西的科學者。然而開始電光的研究，還在三年之後。

終於，法蘭西人大利巴兒着手研究了。這個人，靠近自己圍牆，造了一所小小的屋，這大部分是用木料建造成的，豎了一根四十呎長的鐵桿，從地上貫穿屋頂，這樣佈置好，他在等待雷雨的夜了。

同時，富蘭克林也正在熱心地想，怎樣把電光引下來呢？

十二 大成功

富蘭克林想，立一根鐵棒在教會的塔上，就可以從這桿上，將電光引下來。但他對於別種事情很忙碌，對於這，雖經過三年的試驗，依然毫無成績。

那時大利巴兒已得到一種實驗，某雷雨的日裏，（千七百五十二年五月十日）他走到造在自已天井裏的小屋裏去那裏有一根貫穿屋頂的鐵桿這時電光閃閃雷聲隆隆大利巴兒拿了一塊鐵片去靠近鐵桿的下截這兩者之間電光發生了火花從鐵桿上飛散開來了他於是召集村裏的人又再作同樣試驗電光和天空的電相同已從這事證明了。

歷史上通常說：「從雲裏可以取得電」富蘭克林早早就說：「這是錯誤的。」實際富蘭克林於大利巴兒這種實驗成功後再經四個月纔着手實驗呢！

千七百五十二年九月，某雷雨之夜富蘭克林帶了他的孩子，到平原中去。他們帶着一頂有特別裝設的風筝，兩人走進一間小屋中避雨。風筝不絕地向空中上升，但可惜電光沒有觸到風筝。過了多少時候，兩人剛想到自己的努力，要落空了。這時，電光突然觸到了風筝的裝鐵部分，經過濕的麻繩，傳達到緊在離繩頭兩三呎的電鍵上了。父親富蘭克林那時拿了電池的線頭去靠近電鍵，火花立刻迸發。這是實驗成功的經過。

富蘭克林是亞美利加最初從雲裏引電氣的人。他所用的方法，比大利巴兒的更有興味。

十二　避電針的發明

富蘭克林雖已完成了那樣偉大的發明，但他並不引為滿足，從雲上引得電氣之後，他想把這種發明應用於實際。他已知道電光觸着他的風筝上的鐵的部分的情形了。當然他便這樣想：

「大概雷電的危險可以在房屋上豎一根鐵的尖桿來避免吧！雷電下來時，可以使他傳到鐵桿上，再用電線導到地下去。」

富蘭克林的心裏動了這樣的念頭。可是着手實驗還在幾年之後。千七百六十年，他用長鐵桿豎在非勒特兒非兒地方的貨棧上來作實驗。大家都懷着「到底怎樣呢？」的疑問，等待雷雨的降臨。忽然雷雨來了，電觸到這根鐵桿，並不燒去房屋，而通到地下去了。

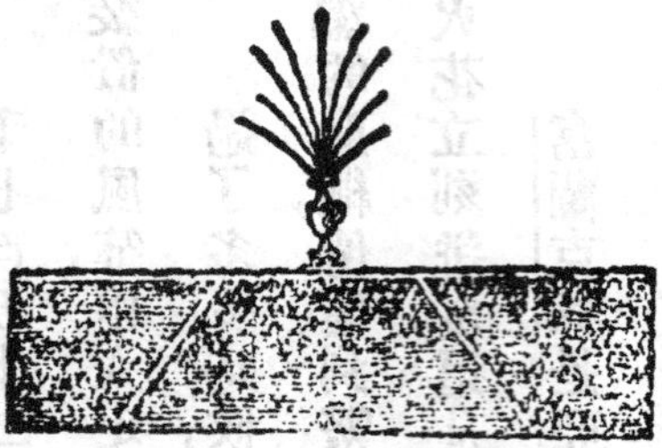

富蘭克林時代的避電針之尖端，有些雖只一個，有的竟有六個以上。

正在這時候，法蘭西有一個名叫羅馬斯的，也在研究這問題，而他到底是否比富蘭克林早成功，卻成了重要的問題。

經過幾年之後，很多的堆棧住家都裝置避電針了。就是教會也裝置了；但有一部分還提出這樣的抗議：

「在神聖的場所，沒有裝置這種發明品的必要。」

但這種人，眼見教堂躲了避電針，就是雷打下來也不被焚的事實，也就閉口了。大概你們也想得着，因為教堂通常有高而尖尖的屋頂，所以格外有觸電的危險。

長期間，對於電氣研究所得的結果，在世界上還沒有什麼大效用。然而後來的學者們研究，把電流應用在一切有用的器械上去了。

一三 輪船和火車

法蘭西人在拿破侖時代之前，已在試驗由蒸汽力運轉的船隻了。發明家若夫已在百五十呎長的船上，裝一架蒸汽機關。這樣的船在千七百八十三年，已經在塞納河上，用緩慢的速力，開駛了好幾回，這還不是實用的。大家看了都冷笑他們說這「把火和水放在一塊兒」了。若夫並不為別人的嘲笑所動，可是不能不停止他的發明，因為他沒有充足的金錢來發明汽船。

一方面英國和亞美利亞的發明家，也在作同樣的工作。英國某輪船已把鴨掌式的槳裝在船下面用來作動力了。這是模仿鴨游水的情形而製造的船已能實際行動了。但把重的貨物裝在船裏時，運轉便非常困難。

一四 若恩夫基的輪船

若恩夫基是亞美利加着手於輪船發明的第一人。他最初發明是用鴨掌式的划水輪來運轉，但因為這式樣不好，又重新計劃，在小小的船上，裝了橈，用蒸汽的力使他可以前後運轉，這在非勒特兒非兒附近舉行實驗，小船很靈活地運轉了。

由這初次的成功，夫基精神奮發，想把牠試用在大船上了。千七百八十七年，把牠應用在四十五呎的大船上，船的兩邊，都裝着正方形的橈，每邊六根。不久，蒸汽機關一動，船便開始駛行，但他的速力，決不能使發明者滿足，他覺得不能不更加改良。

三年之後，夫基好容易得到最大的成功，他在非勒特兒非兒和白林大敦之間，實驗輪船，一小時的速力是八哩。在那時，這已是了不得的速力。於是輪船發明家的最高榮譽，便屬於若恩夫基了。但是照一般看來，他決不是幸福者，他將所有的財產都化完，誰也不會送還他，因此他到底失望。終於他為了完成自己的發明，到法蘭西去找尋財主。可是法蘭西也沒有肯拿出錢來的人，於是到英國去，但是為了某種關係也仍舊不能達到目的。不幸的他，只得去做一船員，乘了某帆船，再回亞美利加來。他的記事册裏，這樣記着：

「我的發明結果，凡是有力量的人，都可以得到名譽和金錢。但誰都以為這貧苦的若恩夫基是不會做什麼值得注意的事情的。」

這話是眞實的，就是一些名譽，也是他死後許多年纔給他的。你們如果去參觀華盛頓博物館，那末你們可以看見夫基的輪船模型，而且這上面標着：「獲得最初成功的輪船。」

一五 斯台亨斯和福爾敦

和輪船發明有關的亞美利加人中，除夫基之外，還有斯台亨斯和福爾敦。他倆是激烈的競爭者。

千八百零三年（這時夫基已經死了，）福爾敦和他的一個朋友，在法蘭西造了一隻船，在塞納河進水實際試驗雖得到最好的成功，但福爾敦還覺得有把蒸汽機改良的必要，他向瓦特定製了一具。

福爾敦回到亞美利加之後，定了一個建造輪船在哈得遜河中實驗的計劃。這船當鴨掌輪不旋動的時候，可以用帆行駛，這船的名稱是克勒芒。

上湖哈得遜河的時候，堤岸上擠滿了觀衆，大家對於克勒芒雖然輕視，但克勒芒卻向前迅速地駛去，一忽兒不見了。兩天之後，牠已開到阿爾白尼，在那邊停泊一夜，木曜日的早上，離去阿爾白尼，福爾敦於土曜日的午後，到了紐約了。這船的速力每小時平均四哩。開駛當然不用帆而用蒸汽力的。

可是，福爾敦的競爭者斯台亨斯，想用推進機使船進行，這種思想頗爲有趣，但他不能實現這種思想，他就製造用蒸汽的鴨掌輪，看到福爾敦的成功，他又想試驗自己的計劃了。但因爲福爾敦已獨占了哈得遜河的航行權，他不能再在這條河裏實驗，不得已，只好在台來華河中實驗。

一六 橫渡大西洋

輪船經各發明家的改良，已逐漸地完成了。最早橫渡大西洋的輪船，是塞芬那號。當福爾敦計劃向阿爾白尼作第一次航行後二十年，塞芬那向英國出發了。一總費去二十九日，這次航行，大部分是用風帆駛行的，不精巧的划水輪，只偶然使用。塞芬那航行愛爾蘭海岸時，是用蒸汽的，英國的帆船望見，出煙以爲船裏失火了。驚奇地駛近去看，纔知道船並不失火。帆船上的人們，被邀請去參觀塞芬那的蒸汽機關和划水輪，他們見了，頗爲驚異。

一七　機關車

有些人在想發明用蒸汽駛船的時候，一方面另有些人在想用蒸汽力來推動機關車。蒸汽機關車最初是用在軌道上拉煤車的。

蒸汽機關車發明之先，英國煤礦裏已經鋪了軌道，在上面行貨車。因爲如果沒有軌道，貨車的輪一遇到路有損壞的地方，常會陷入泥裏去。軌道用黃銅製成，貨車是用馬拉的。滿裝煤塊時，拉起來就非常費事。

從蒸汽力被應用之後，已有許多人在着手發明自動的機關車了。有兩個法蘭西人，那時到英國來。他們製成在路上走的蒸汽機關車，後來他們計劃在軌道上走的，可是終於沒有完成。蒸汽力一推動車輪，輪便從軌道上滑脫。有時機關車眞一些也不動。

不久，發明家特雷費提克定了一種新計劃，製成一輛機關車，在威爾斯實驗。他裝上了十噸的貨物，有一小時走五哩的速力。這比較步行雖祇快了一些，但這正是偉大發明的端緒。

同時，在英國，另有四個人在着手於機關車的發明。海特來依製成了一輛取名「噴煙藥罐」的機關車。

一八　斯蒂芬遜的發明

紐噶斯素來是英國有名的煤礦市，幾千礦工，住在這市裏，早上日中到鄰近煤礦中去做工。

火車未發明之先，已有在軌道上走馬車載客的了。

大家用盡苦心想發明軌道上走的機關車，斯蒂芬遜是在紐噶斯擔任燒煤的工作的。他對於用蒸汽力來拉煤車這種理想，頗有興味。相傳下來說：有一天，叫他去修理馬拉的煤車，那時他忽然想到這種事了。總之，他從燒煤的工作，而想到改良那種煤車，和創造蒸汽機關車。他用鐵代黃銅製造軌道，鐵質比較堅硬，在上面試走機關車，不會有輪子脫線這種事情發生。

最初製成的機關車，構造很不完全，速力也不大，搬運力也微弱，但斯蒂芬遜並不灰心，熱心地着手改良。他受兒子羅白脫的幫助，羅白脫是受了大學教育的人。這父子兩人，做成了許多好的機關車，有些用以搬運煤塊，有些用以運載客人。

一九　客車的發明

機關車改良以後，客車也在英國美國使用了。英國方面，幾個市間，敷設單線。起初車手坐在機關車的前面，車手的職務，就是使軌道上不要發生障礙，有障礙時便警告別人。

亞美利加所用的初期火車之一。

在美國常常有用馬拉的車和用蒸汽開的車，舉行競爭。這種競爭，很能引起大家興味。有時馬車方面勝利，有時蒸汽機關車方面勝利。在美國對於蒸汽機關車的使用，急速地增加，於是發明家也跟着把當時的機關車，一再改良，不久便像下面插圖裏的列車。這是在阿爾白尼和步夫羅間走的火車。當時的鐵路公司在廣告上說，這兩城之間，祇須走二十五小時，牠

這火車是在阿爾白尼和步夫羅之間往返載客的，一趟要走二十五小時。

這樣的速力，就是明白說明發明上的進步情形。

現在的火車從紐約到支加哥，也無須這樣長的時間。

二〇 飛行機的發明

古代希臘人，曾有造了一隻空的木鳥，使他高飛的一回事，留在歷史故事中。因爲希臘人是聰明的人，製成鼓翼而飛的玩具小鳥，或者有的。但這到底是一直古代的事情，無論圖咧，實物咧，什麼也沒有遺留下來。

羅馬當基督時代之後，有一人設法飛行。他就是「魔術師西蒙」。他的思想，是表明基督教徒所誇說的一種奇蹟，毫不足奇。

基督教徒，公然說他們的一個聖徒，是向天飛去的。西蒙說自己也能同樣地飛去，他到底怎樣飛法呢，那是不明白了。祇說由神通力向天空升上去，但是他到底不能不落下而死。

幾世紀之後，一個撒刺遜人，在君士坦丁堡，舉行飛行試驗。他走到塔上去，許多羣衆，圍集在塔的周圍觀看。由歷史的故事傳下來說：他穿了縛着木棍的大衣。大概他把衣服像扇般地張在身體周圍，而在等待大風吹來遊玩。人看着叫起來：

「快下來呀！撒刺遜！要等到幾時呢？」

被看客的催促，撒剌遜便從塔上飛下來；恰恰一陣大風來，把他撻高二三呎而浮行着——但張開着的衣服，縷縷裂碎，他也跌下地來，骨頭都跌碎了。

二二　鎖匠的飛行機

千六百七十五年，有一個鎖匠，名叫培斯尼兒，住在法蘭西的塞步爾市，他當空閑的時候，常常作飛行機的研究。這樣研究的結果，他便製成一個配着四個槳也似的奇形的飛行機，在這插圖裏所描寫的，就是培斯尼兒時代的飛行機。這圖畫得頗好，把飛行機的構造和運轉方法都表示清楚。槳也似的翼，可以上下活動，用紐結聯於乘者脚上。

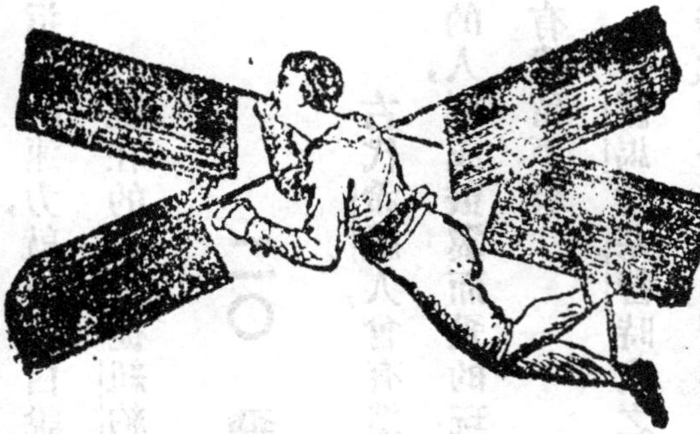

培斯尼兒的飛行機是他同時代的人所描寫的略圖。

據說培斯尼兒走到高的地方，然後從那邊撲空飛下來，頗為安全。

關於他的許多冒險飛行記錄，一點也沒有保存，只說起他從屋頂飛下來咧！飛過河咧！若能夠看他用奇妙的飛行機飛行，是多少有趣呢！

二二 蒙脫可兒夫兄弟和氣球

培斯尼兒用四翼試驗飛行之後，約一百年光景有兩個法蘭西人想出更好的飛行方法，便是斯台夫思和裘水蒙脫可兒夫。在他們表現以前，世界上還沒氣球這種東西，雖有些人在說製造了大的與空氣球浮到天空去的話，但誰也沒有去造這種東西來試驗。

蒙脫可兒夫兄弟看了煙的向上昇騰而去，推究他們知道煙是具有上升性質的東西。

「大概煙能夠擡起別的東西吧！」他們想。

他們製了一隻大的紙袋裝滿了煙，把牠拿到屋裏，手一放，這袋便向天花板浮上去了。那時兄弟們以為使袋浮高的是煙的力量，但實在是熱空氣的緣故。

同樣的實驗做了幾回之後，這兩個青年造了非常大的袋，把牠取名氣球。球的直徑有三十五呎，用貼着紙的布製成，開一個洞，可以裝煙進去；於是燒起火來，氣球覆在火上，熱空氣便裝滿了。最後縛好氣球的尾巴；拉住氣球的人把手一放，氣球便上昇了。這時氣球在大家的頭上浮行，一直上升至六千呎之高，到了袋裏的空氣冷卻，才落下地來。

二三 橫渡英吉利海峽

初期·氣球的一古畫

兩三月之後，蒙脫可兒夫兄弟，造成更大的氣球，在法蘭西王面前飛了。這時，繫一隻籠在他的下面；把一隻羊，一隻雞和鴨，放在籠裏。氣球上昇了二三百尺，因爲有風，吹開半哩光景，但到他降下來時，大家心想放在籠裏的動物，有什麼事情發生呢？走近去看，羊和鴨都安然，雞卻折斷了一隻腳，大概籠被風搖蕩時，被羊踏傷的。

不多時，有兩個法蘭西人，很勇敢地坐在氣球的籠裏，向天空昇到三千呎光景，他們因爲要補充熱空氣，所以帶了火去。飛行於巴黎市的上面，他們希望不和氣球一同落在任何屋頂上，不能不製造很熱的空氣，他們漸漸地穿過市民羣集的地方，而安全降落地面。

三年之後，眞的氣球便發明了，徐愛茲夫利斯是亞美利加的醫生，和法蘭西人步倫查脫共同計劃橫渡英吉利海峽。這時他們已用輕氣代替煙和熱空氣，做成裝滿輕氣的氣球。

在籠裏裝入幾個沙包，在風順的時候，他們從特奧白出發，在英吉利海峽上飛行。他們飛到八哩十哩時，氣球便開始下降了；他們趕緊拿了兩三個沙包去在外面，於是氣球身輕，又上昇了。

到路程的一半時，勇敢的乘員留心到氣球又開始降下，於是且把所剩的沙包一總丟完，但這回卻出於意料之外，並不上昇。他們沒法，只得把裝的書籍等，再從籠裏投出，氣球纔停止下降，向着法蘭西海岸進行；這時徐愛茲夫利斯和步倫查脫真開心極了。

終於看見海岸已在兩三哩之前，他們胸口覺着劇烈的鼓動，還疑心「靠近海岸不要是做夢呢」。但不知怎樣一來，氣球又下降了。把氣球的錨割斷丟掉，那知氣球仍然不停地下降。他們這班勇敢的乘員們，心想這回要墮海而死哩！但他們還不絕望，把繩子和別的用具都摔斷丟掉，他們把帽子，外套，皮鞋等也都去掉。因此他們纔救得氣球和自己的身體。到底到了法蘭西的海岸，他們在那邊降下，再取陸路到加來市，那時徐愛茲夫利斯和步倫查脫兩個人，被當作英雄歡迎，並舉行極盛大的宴會。

以後，氣球已是歐美頗普遍的東西了。有一個英國人上昇到四哩以上的高處，關於空氣和雲，得了許多新知識。

二四　空中滑走

氣球雖已完成，但大家還不滿足。一種理由是不能自由進行，所以出發的時候，氣球必須等待順風，而且要不斷地擔心氣球的破裂。

因此有許多人，想做成一個用翼膀的飛行機。這種計劃，就是要造成張着翼子，像老鷹般在空中飛行。英國就是飛行熱最盛的國家。但是誰也不曾得到十分成功。

終於，德國人利靈太兒發明一種滑走機，可以安然地飛行空中，使全世界都覺驚異。他在十三歲的時候就一面走下小丘來一面鼓着翼作飛行的實驗了。那時，翼子雖不能使他飛上去，但從這椿事，他已明白飛行的祕術。最後，他想到，誰也不去充分作小鳥的研究，這是缺點。因此，他幾年間，專門研究小鳥們，張開了翅膀，在空中滑走的姿勢。

初期的滑走機

千八百九十一年，利靈太兒造了一架自己乘坐的滑走機。他先坐在彈簧板的頭上，由牠的力量彈上去，以後靠了自己所製的機械也可滑走一段距離。彈簧板越跳得高，他也滑走得越遠。

一年之後，利靈太兒試驗從小丘上滑走下來。這次試驗是成功的。在當時，他也有一次飛行到七百呎以上呢。

這個德國發明家，後來所想到的，是滑走機應用摩托，把飛輪裝在前面試試看。然而不幸，他於着手作這新計劃的機械實驗前，已從滑走機墮下死了。

二五　倫苦來的飛行機

在美國，那時有幾個人，在着手作飛行機的發明。這等人裏，有一個叫做倫苦來教授，他想應用摩托，旋動飛輪，使滑走機飛行，熱心地求實現。

多次失敗之後，倫苦來在千八百九十六年五月，更着手於別一種的實驗。他發明有大翼和兩個飛輪的機械，在上面再放一架小蒸汽機關，可是人坐的地位沒有了。

倫苦來飛行機的飛行。

倫苦來的這種飛機，從一個塔上，穿過樓船，飛到撲脫馬克河中，牠是飛上空中，再打一個大圈子，這樣飛行的繞飛了三分之二哩後，才向河中落下。倫苦來又一種實驗，差不多飛了一哩光景，牠用蒸汽機關的力量，在河岸樹木上飛行。

後來，倫苦來雖想製造可以乘人的飛行機，但遇到種種障礙，沒有成功。

這時有許多人，在努力發明製造帶有發動機的飛行機。這等人裏面，有步倫徐兒人名叫台由蒙脫，在法蘭西作飛行機的實驗。

二六 刺脫兄弟的成功

在亞美利加，烏矣兒步亞、刺脫是被大家注目的。他是從利靈太兒的滑走機和倫苦來的動力飛行機研究，幾年間，他把生活的大部分，耗費於製造和實驗滑走機。千九百零三年，他們竟成功了應用動力裝有兩個飛輪的複葉式滑走機了。這飛行機很巧妙地在空中飛行，而且他們兄弟中的一個，乘坐在上面，飛行了二十秒鐘，再降下來。同一天，他們作了三回短時間的飛行。這就證明，若使用動力，那末人可坐在飛行機上了。

徐柏林發明的飛艇

倫涔來和刺脫兄弟研究使用動力，使飛行機飛起之後，不到幾年，在征空史上又有大發見了。

這就是發見了不論多少時間可在空中飛行的機械。有些一小時裏可飛行二百五十哩以上。飛行家現在要環繞世界了。

一方面，飛行艇也相當使用的，但種種地方，總是不精巧。後來發明新形式，成易於操縱的捲葉形飛行艇。這叫做飛艇。是用動力旋動飛輪而飛行的。簡單的飛艇時代已經過去，將來也許和飛行機一般操縱容易的飛艇將發現了。

二七　王和國會之爭

你們大概知道英王的權力極有限。英國實在是由兩個立法部而成立的，就是上院和下院。這兩院大家叫牠議會。

但是在歷史曾經有國王眞實支配英國的時代。年老的亨利八世，爲所欲爲地處理政治；女王依利沙伯，自己也握住大部分權力但當她治國的時代，議會已握得多少立法權了。

繼任的王，是詹姆士一世。他因爲是從蘇格蘭來的王，不能得到依利沙伯等的信仰。議會想獲得更多的權力；一方面恰恰相反，王正想減少議會的權力。

結果成爲可悲的爭執。詹姆士想對輸出輸入的貨物加一種稅。但議會認爲這是不合法的，而投反對票了。因此詹姆士王非常發怒，他下一命令要把下院的有些議員監禁起來。

下院的古畫

議員們抗議說：

「我們有主張認爲良好事件的權利。」

王回答說：

「你們除我所給你們的以外，是沒有權利的。」

詹姆士王死後，他的兒子查理第一即王位。查理是美貌的男子。因此有些人以為他的固執的老父所不能獲得的臣民好感，他能夠獲得了，王和國會之爭，可以告終了。但是這種推想和事實完全相反，爭執比以前更激烈。查理第一即位後的第四年，議會對於並沒經過什麼協商而徵集的捐稅，表示不滿。於是查理下了這樣的命令：

「議會應停止開會，在我再召集以前，是沒有任何立法權的。」

議員的大部分即刻服從命令，但下院中的一個團體，終於宣言說：

「不曾經過我們同意而徵收關稅的，不論何人，都是民衆之敵。」

那有名的克林威爾也在這小團體之內。

二八 議會再開

查理王想沒有議會的幫助而統治英國。在十一年中，他不召集立法者。要用金錢的時候，就徵收新捐稅。否則編集古代法律，對於不服從的臣民，科以罰金。例如下面這樣的法律是通行的。

「在土地上每年有四十鎊以上的收入者，不論何人，必須升在騎士的地位。」

這種法律上的條文，大家都早已忘卻了。因爲查理的強制執行，幾千人被處罰金。結果，王到手十七萬鎊黃金。

他還有和這相同的手段，附會理由奪取貴族們的土地，作爲王的園林。

但是其中最壞的事情還要算他對於人民日常生活的必需品，收取更多的稅金。將任何人都必需的鹽肥皂等的販賣權，給與一定的人。這些人繳納非常多的黃金給王，而把出賣的價格擡高。

但這在國王方面是非常麻煩的。這一次國王要和蘇格蘭戰爭了，他知道不便再用自己的力量，徵集更多的稅金了，於是再召集議會。

下院接受租稅的管理，想替王籌款。但國王一提出要求，下院的答覆是這樣：

「在沒有恢復我們從前的自由以前，我們不能答覆能否替王籌款。」

王聽到非常發怒，命令議員退場回去。但後來王懊悔了。因爲他當時和蘇格蘭人作戰，非得到他們的幫助不可。一年之後，他再在倫敦召集議員。他們一到倫敦，直住到查理王戰敗止。在這個新議會中最先討論的，是下面這個議案。

「我們將儘可能地留在倫敦，王大抵不許我們回去吧！」

二九 王的備戰

在查理王時代，英國有非常多的清教徒。他們相信英國教會，不能不使牠更加純潔。他們反對舞蹈和其他娛樂。

這種清教徒，從依利沙伯時代後，才被世間知道。有時，受到惡的處理。因此有許多人，逃向美洲，定居在新英格蘭稱做「庇爾克利姆」（含有遊方者的意思的）是在新世界建立繁盛村落的最早的清教徒。

但是惡的處理，不能克服清教徒運動。他們的人數急速地增加。於是這些清教徒漸漸覺得自己在下院已握得莫大勢力。他們想從僧侶手裏奪取權利。為了想實現這種企圖，他們提出僧正們不能做上院議員的法律案。

查理王因為有僧正們的朋友，憤恨這法律案。因此他立刻斥退下院的守衞，派遣一個軍人去逮捕五個議員。

下院不能坐視議員的被捕。軍人回到王前，報告不能完成使命。於是查理親自率領四百兵士，向下院去。但王到院時，五個議員已逃走了。

這件事發生之後，議會空氣更加緊張。王擔心市民戰爭，感到倫敦對於自己的叛亂預兆；他終究逃到許多友人住着的北方溫座爾。溫座爾的人民，大部分是效忠於王的，只有西爾市獨異。

西爾是海岸的港市，貿易商人不滿意於王不正當的收稅，查理王引了三百騎士要進這市時，弔橋被扯起，王茫然立定，王的憤怒是很明顯的，他向和自己親善的諾定昂奔走，作戰爭的預備。

三〇 查理王之死

查理王的準備戰爭，在議會成爲重大問題。有許多議員，不知應否使王戰爭，但他們又感到不能不立刻決定。下院的三百議員，大多數主張反對國王；擁護王的，祇有他們的半數。

可是上院的空氣，卻大不相同。大部分議員是擁護國王的。

但下院有倫敦的背景，比較有力量。忽然有一萬人，起來反對王了。

查理王也想求外國的幫助，但被反叛的人所阻止。反叛者已獲得英國的海軍。有了這種海軍，要斷絕在英國上陸兵士們的糧食，並不是什麼容易事情。

一千六百四十二年的夏天，戰爭開始了。除極少的期間休戰外，繼續了七年。休戰是由於查理說：「答應議會所要求的某項條件也不妨」才實現的。但不能得到圓滿解決，戰事再繼續下去。

關於戰爭怎樣進行，我們不講也行。這和別的戰爭同樣，無非是血腥觸鼻，散佈不幸於各地罷了。這時，祇有克林威爾崛起一事，最有興味。

克林威爾是一個下院議員。他和別人一同反對國王。戰爭發生的當時，他僅僅是一個隊長，但戰爭繼續下去，知道他是一個比誰都好的指導者。他的活動，在打破查理的戰爭上，頗有力量。

查理王成爲俘虜而帶到倫敦來。

在這裏我不能不對你們講下院所發生的事。這時大部分議員張惶失措了，只有決死反對王的議員留着。他們爲了想救王的生命而開庭審問。

可是查理王主張下院沒有裁判自己的權力。雖對他說謝罪就不妨饒他生命，他終於不肯謝罪。三天之後，他受死刑的宣告。他的死刑是在他王宮之前執行的。

英國這時宣布由王國改爲共和國。克林威爾就做攝政君。

克林威爾做了攝政君之後，他僅僅給與議會些少權力。他想把國家放在自己支配之下。因爲他是清教徒，可以做到所想的事情。

克林威爾做了十一年的英國支配者。有時他想克服愛爾蘭，而派軍隊去攻下了許多愛爾蘭都市。有幾個都市非常頑強地對抗；所以當陷落時，兵士們受得「碰到抵抗者就殺」的命令。幾乎有三千多人爲了想保全自己都市起來抵抗，而被殺掉。

克林威爾死後，能夠繼任的淸教徒，一個也沒有。查理王子（就是已死的查理第一的王子）回國來卽王位。從此以後，英國又恢復王國了。

三一 馬丁路德的生涯

哥倫布在計劃向阿美利加作最初的航海時，德國有一個剛滿八歲名叫馬丁路德的少年。我相信他決不知道哥倫布的名字；即在一千四百九十二年後的幾年間，大概他的名字也沒有人說起。在那時，即使發生了怎樣的事情，消息傳播決不迅速。而且，小村莊的學校生徒，對於廣大的世界上起了那種事情，也沒有詳細知道的必要。

若是馬丁聽到哥倫布已到了印度的消息，他大概對於這事也要發生一些感想吧！他所熱中的，無非是自己的學業，他最用苦功的是拉丁語。他若不能充分記得時，教師便要用鞭打他。他後來自己講，曾有在一天之內被鞭打十四回的事。

可是，他不僅在學校裏受鞭打，在家庭中也是同樣的。他的父母常常殘忍地用棍痛打他。他不論到什麼地方去，都被虐待。一天，他拿了一枚貯在家裏的胡桃，他的母親捉住他直鞭打到流血。

馬丁到了十三歲時，爲了向另一個學校通學，住到近市的地方來。他從自己的家鄉逃出，當然開心。他在這新學校裏僅僅讀了一年書，後來到愛順那哈這個地方去。他在那邊的幾個月生活，是終生最幸福的生活。最初他在街上乞食過活。有時唱歌，大家給他幾錢作報酬。某天，一個名叫可太的婦人，聽了他的歌，非常合意，「到我的家裏來，一同過活吧」，這般對他說。馬丁承諾了。可太夫人對他比母親都親切。

到了十三歲，他離開愛順那哈，進愛爾夫爾脫大學。他明明想做精深的學者和法律家，但轉換期的生活一來，他決心要做僧侶了。

傳說有一次他被狂風大雨所圍困，雷電交加，他的心裏充滿了恐怖。他兩手指天而呼號：

「唉！我主！請從這風雨中救我。你若肯加以援救，我就做僧侶！」

電光停止了。因此他履行自己的約定。

三　對於神恩書的一擊

路德在二十一歲時決定要做僧侶。過了一年，他加入聖奧加斯卿僧社，他對神立誓終生貧之過活，而且決不結婚。

他在未做僧侶之前，被派遣到韋吞堡做大學教授。他主要的職務是編聖經的講義和聖經的解釋。

一天，這個小小的大學區裏像下面這等的騷擾起來了。人們從附近的村莊回來說：

「唉！請看我們手裏拿來的這是『神恩書』，我們是從神父台愛兒這裏得到的。這上面有教皇的簽字。這在陰世救起靈魂，拭去罪跡，又救了我們自己。」

但是若問這種「神恩書」怎樣求得呢？大家回答說：

「爲了在羅馬建造教會，我們獻金錢給神父台愛兒，」

路德常常聽人懺悔，有些人把這種「神恩書」交給他但他搖着頭說「這張紙對於想減除罪孽的你們是沒有幫助的」。

他仔細地考慮「爲了這種『神恩書』怎樣寫一篇公開的信」（就是關於這問題的討論）。在那時的教會有這種習慣，要討論的人，不論誰，可以把紙片張貼在教會的門上。路德依照這種習慣做了。但是他要討論的不僅一樁，多着呢！他坐在桌旁把想到的要點記錄起來，到寫成後一看一共九十五條。

他拿了這張對教會而寫的條款，想大家都可以讀到，貼在教會的門上。這稱爲「九十五條款」，含着九十五個討論的題目。

路德的大部分條款，是關於陰世靈魂的「神恩書」。他把這些條款印刷起來，分寄德國各地的友人。大家替他擔心不知教王將怎樣辦理。

三　路德的求恕

路德的友人們，讀了貼在教會門上的「九十五條款」之後，他們擔心着路德將被處罰了。他們想也許把路德作爲異端者而把他處火刑。

因爲曾經有過這等事，路德在恐怖中挨日子。最先起來對付的是受出賣「神恩書」的神父台愛兒。他對二百個僧侶辯解。神父台愛兒的話，是說路德犯了極大的錯誤，以及教王有分贈「神恩書」的正當權利，把這些話印刷了，分送幾千部到德國各地。但路德的門徒們將八百部的一大包拿到市場去，在火堆中燒毀。

路德怕因這件事而被罰，就聲明燒毀一節與自己並無關係。可是有些人懷疑他在暗地裏主使學生做這椿事。

教王表面上不接受處罰路德的勸告。稱路德是「正氣而年青的狂醉德人，」但是在此之前，路德曾寫一本書，用謙遜的言語，把牠寄給教王利奧第一。

教王讀了這本書，大概他對於用謙遜的言語一點，沒有什麼不服，祇書中的意思不喜歡。這書原來是對於「神恩書」攻擊的，而且還說教王沒有像他所主張這般多的權利。因此路德立刻接到「六十天以內到羅馬來」的教王命令。他以爲將要被處死刑，怕到羅馬去。

那時恰恰撒克遜的夫來台利克公救助這勇敢的僧侶。他對教王說：路德不應該在羅馬處刑，應該在德國。教王同意了，路德被傳到德國的奧克斯夫爾比。路德在那邊受教王所派的最高訊問官的審問。訊問官因爲不滿意於路德的答覆，說要路德取消答語的一切。可是路德不答應。他祇寫了一封信給訊問官說：

「我後悔了，請恕我吧！此後不再批評「神恩書」了，若是我的論敵，不再對我講什麼的話。」

訊問官對於這封信感到不滿足。他想使他承認，「一切都是路德錯的」。

路德怕被捕而受罰，在夜中他騎了馬從奧克斯步爾皮逃出了。在兩天之中，他回到韋吞堡，至少暫時之間可以安居了。

三四　路德教會

在路德和教王開始論爭之前，德國已有背叛天主教的人們了；在這等人們中，有詹姆夫斯的弟子。他們在自己的指導者們被處死刑之後，發起教會。

在夫斯的信徒之外，在德國有許多從祖宗以來對於宗教完全不滿足的人。他們在等待某種主張路路變更的宗教，馬丁路德一出來，引導他們到旁的路上了。路德被天主教會放逐之後，他發起自己的教會。這教會並不是和原來的教會絕端相背的。大概主要的不同點，就是祈禱時用德語代替拉丁語。此外拜受聖餐時，從前只用麪包，路德的信徒（或路德的弟子）是用酒和麪包了。

路德受公爵和其他有力貴族們的保護，這在路德是非常幸運。這些人們把他託德國皇帝保護，而且這些貴族所支配着的德國各方，發起了許多路德教會。

路德到六十二歲時死去，他被葬在張貼「九十五條欵」的教會內。

路德的弟子們，對德國的天主教徒皇帝的命令，提出抗議了。因爲他們的抗議，稱作 Protest，他們便被稱爲 Protestent（新教），就是抗議者的意義。

三五 亞美利加的獨立和法國革命

英國和大西洋海岸的殖民地之間起了糾紛。殖民地的人說：「英國祇使我們替他掙金錢，」他們拒絕對運來亞美利加貨品所加的稅銀。

這次紛爭的結果，竟惹起戰爭。殖民地的人說，要得到原來應有的權利，只有戰爭。在千七百七十六年，發表有名的獨立宣言。這宣言裏說：殖民地應該成爲自由獨立的國家。

亞美利加的軍隊，由大將華盛頓統率，他是很好的指導者，多次的戰爭，都得到勝利。戰爭不久結束了。法蘭西王是援助殖民地方面的。這並不是法王愛自由，實在因爲他自己仇恨英國。法蘭西的艦隊，派到亞美利加去和英國的主力軍作戰。那時訂結了和平條約，英國承認殖民地的自由了。

喬其華盛頓

殖民地在這時便稱做亞美利加合衆國。華盛頓便做第一任大總統了。

三六　法國大革命和拿破侖

亞美利加殖民地的榜樣，不久又在法蘭西重演。法蘭西人民已被革命精神燃燒着。

關於中世紀的貴族情形，已經說過了。他們怎樣不勞動，怎樣過快樂生活，你們總已明白。然而你們且想想，爲什麼人民這樣心平氣和地容許他們，這豈不奇怪嗎？

法蘭西的一般民衆終於覺悟到自己已經不能再過貧苦不幸的生活了。

他們立了驅逐王和貴族的計劃。

那時的王是路易十六。他有一個可愛而拙笨的妻子名叫馬利安推涅特。如果從前的傳說可信，那末她是這樣講過的：

「人民飢餓了他們爲什麼不送麪包去呢？」對於這句話，他是這樣反問：「那末，他們爲什麼不喫點心呢？」

這個可憐的女王不知道許多人，爲了生活的貧苦，已經不能買點心了。她若是不聽別人說，那末一般人民的生活，眞是一些也不知道。

三七　巴士的獄的攻下

巴黎有名的監獄叫做巴士的，我大概不應該說他「有名的」倒不如叫他「不名譽的」吧巴士的是大而黑暗的監獄王把不服從自己命令的人監禁在那裏有時，還有不經什麼裁判，便被關在那裏的人。

在法蘭西人們的地位說，這巴士的已成爲衆怨之的。這監獄，又可看作是王和貴族的權力的一個象徵。

有一天，（那是七月十四日）一羣男女，在巴黎蠭踴而起。

「到巴士的去呀！」大家口口聲聲地叫着。

羣衆擠近這強大的監獄，不管一切地衝進去許多人被守衛所殺但別的人終於達到目的，這就是巴士的的攻下，罪人立刻釋放，並且當場把這場所搗毀。尋出大門的鑰匙，送給一個亞美利加人叫多馬斯配恩的，他又當作贈品，去送給華盛頓了。

七月十四日，在法蘭西說，是和亞美利加的七月四日同樣的日子。

巴士的攻下之後，擾亂便擴張到法蘭西各地去了。王和女王以及許多貴族，統統被捕。一半是爲了民衆暴怒，一半是防他們圖謀恢復權力，終於被處死刑。

法蘭西在幾年間，成無政府狀態了。就是互相殺戮的世界。一時從王那裏取得了自由的人民，還不知道自己該如何統治呢！也許有時，他們已明白這一點，但他們終究失去了機會。於是露頭角的便是拿破侖。

三八　拿破侖和法蘭西民衆

在一切歷史中，有比拿破侖更聰明的大將嗎？但我還不願意這樣稱讚他的聰明，拿破侖是祇做大流血慘事的人。照他自己的聲明，他是爲了救法蘭西而來的人。他是在他握權的十九年間，在荒廢殆盡的國內，確立了本國的國民性的人。

拿破侖當靑年時代已受軍官訓練。他在巴黎制御暴亂時，還不到三十歲。在制御暴亂之前，他先將紙彈裝進大砲去威嚇羣衆，在別一方面裝小的鎗彈到大砲裏，將他放出去給羣衆一個教訓。

三九　勝利復勝利

不多時，拿破侖帶了軍隊去和外國打仗，（這些是打算在法蘭西的王座上，再恢復一個國王的國家。）對這些國家的戰爭，他就顯示出軍事上的才能。他的軍隊攻破意大利，攻破奧地利；如果他到這時便停止了戰爭，那末拿破侖是法蘭西共和國的功臣了。

但是他並不停止。

他是迷醉於完全勝利的人。他要想成爲「最偉大的人物。」爲了征伐遙遠的國家，準備充分的軍隊。他曾造了非常大的艦隊，去攻打阿非利加而占領了埃及。但六年之後，他自己坐在法蘭西的王座上了。

千八百零五年，拿破命遣派四十萬大軍到俄羅斯去。那時，這實在是強大的軍隊了。法蘭西軍攻進了莫斯科，但莫斯科起了兩天大火災，都市的大部分都燒完了。拿破命便下命退卻。他知道退兵比進攻還要困難。俄羅斯兵便猛攻正要退卻的法蘭西兵。那時法蘭西兵因兩重原因便大敗而回。因爲法蘭西兵原來已受了飢寒而很疲弱。從法蘭西出發時，穿了美麗軍服的大軍，受了飢寒回國的，祇不過二萬人。

四〇 拿破命的最後

千八百十三年的秋天，拿破命和聯合國的軍隊，在來普錫附近作戰。他又招募新兵，送到戰地上去。這次大戰爭他非常失敗，六個月之後，巴黎被德奧俄三國軍隊所占領，拿破命投降，被流放到厄爾巴島上去。可是他住了一年光景，竟從島上逃出，回到法蘭西。他從前部下的兵士們，這時還活着的，都來投效，就引起滑鐵盧戰爭。但這次戰爭，拿破命被德國、英國兵所打破，被捕而流放於聖赫列那島，受着嚴重的監視。他到底沒法逃脫，在島上住了六年，變化多端的生活，也就閉幕了。

拿破命一死，歐洲各國，又擁護了從前王家的人，來坐法蘭西的王座。所以法蘭西要從王制下解放，以後又經過了多次的革命。

四一　世界戰爭

我不能不在這裏講人類生活中最可悲慘的一幕了。世界戰爭，現在已過去，但在這次戰爭中，發生了許多不能用言語形容的悲慘和不幸的事實。

在世界戰爭發生之前，歐洲人已在擔心各國要衝突了。所以不論那一國政府，都在所謂「必要上」擴大海陸軍。一方是德意志、奧地利、意大利三國同盟，別一方面是法蘭西、俄羅斯、英吉利訂了三國協約。

四二　同盟和協約

三國同盟中，德意志是頂強的國家，他有受過良好軍事教育的兵士五百二十萬人。他的海軍，數量雖不及英國，但也非常強大。而且德國的商人們在幾年裏迅速地發展世界各地，都占有相當的勢力。那時德國政府的統治者，就是皇帝愷撒。

奧地利是由許多人種成立的帝國，全部據說有二百萬兵，和德意志同樣，那邊的皇帝也稱愷撒。意大利擁有一百二十萬有訓練的兵。他的海軍，雖不怎樣大，但如果沒有英國的海軍，他便足夠握有地中海支配權的強力。

在世界戰爭之前俄羅斯是有比任何國家都大的兵力，據說五百五十萬。就是比德國也多。但俄國的兵士，沒有很好的訓練和設備。

俄羅斯是從波羅的海直到太平洋的一個大帝國。這大國全在沙王支配之下，人民大部分是年年耕種田地的貧農。自己有耕地的農夫極少，田地都是貴族和富人所有的。農夫們住在散佈於這廣大帝國各地的小村莊裏度日。主要的都市，就是莫斯科和彼得格拉。

法蘭西和德國同樣，男子都要從軍，爲了全國國民都有服兵役的義務，所以一切青年，都要受兩三年的軍事教育。如果不願受軍事教育便要逐出國境，所以有四百萬法蘭西人，已學得了戰爭的方法。而且法蘭西也有強大的海軍。

英國是全世界都有領土的國家，不列顛島和愛爾蘭島，是這強大的英帝國中的小小一部分。有三億以上人口的印度也屬於英國支配。其他在英國旗子下面的，有埃及、澳大利亞、加拿大、新西蘭、南亞美利加等很多很多的地方。

四三 開戰之前

歐洲這地方，因爲強國都擠在一塊兒，所以早晚要起一度戰爭。在大戰發生的幾年前已經有這種徵兆了。這種徵兆，在商業的競爭上最能看出。各國商人們，都想自己儘量地多做交易而排擠別人。

商人們着眼的一個豐富市場，就是阿非利加洲，一時英國人造一條鐵路，從好望角直通到開羅。敷設這條鐵道的目的，就是要想獨占從南非洲到埃及間的有利商業。因此德國商人便感到困難了。他們覺得已失去阿非利加方面商業的一部分。也覺得將要因此而引起戰爭。雖經往返調解，終究毫無效果。

同樣，當德國從柏林敷設到報達的鐵道時，也引起糾紛，這時法蘭西、英國、俄羅斯三國的商人，都爲難了。都擔心着德國和奧地利要獨占羅馬尼亞、塞爾維亞、希臘、土耳其等小國間的商業。德國因爲敷設鐵道還未曾完成，那時也不能戰爭。

四四 大戰的重大動機

終於在千九百十四年的夏天，重大事件爆發了。一個奧地利的皇子，被手鎗所殺。奧地利以爲這是塞爾維亞人做的。塞爾維亞說願意懲罰刺殺案的負責長官，而乞寬恕；奧地利還提出別種條件，塞爾維亞方面答應了履行條件的大部分，但奧地利方面還不滿足，便宣布戰爭了。而俄國便向德奧國境派兵。德國又預備對俄作戰。各國人民都張着驚惶的眼，這樣說：

「要戰爭了嗎？難道整個歐洲都可以戰爭嗎？呼吸這種文明社會空氣的我們，難道可以和野獸般戰爭嗎?」

在各國,民衆聚集了叫着:

「停止戰爭呀!我們希望和平!」

在柏林有五萬男女羣集在大街上演說不要擴大戰事。法蘭西和英國的羣衆也爲了消除戰禍而集合起來。

然而已經遲了,德國和法國的政府,不久便互相宣戰了。俄羅斯和德意志的軍隊,在東普魯士早已開火。一方面奧國的軍隊也已侵入塞爾維亞。

四五 德意志的侵入比利時

德意志將一隊強大的陸軍,向法蘭西進發,而且對比利時講:「爲了要進攻法蘭西,必須通過比利時。」比利時的政府拒絕,因此德意志和比利時之間,宣布作戰,比利時便受了大流血的慘狀。

在德國的陸軍原想通過了比利時,立刻可以向巴黎進兵;但他們錯誤了,他們對比利時的行動,反變成英國參加戰爭的口實,總之,英國的幫助法國,是名正言順的。

四六 恐怖中的幾年

我沒有在這裏詳細講世界戰爭的心思，而且也沒有這樣閒空，總之是可怕的狀態，繼續了四年之久。意大利雖差不多有一年光景脫離戰爭，但不久又反而對從前的同盟國（即德意志和奧地利）宣布戰爭。英國的海軍封鎖德意志，要使他受飢餓，不能活動。德國用小的潛水艇應戰，趕散英國的艦隊。

陸戰是古來所不曾有的悽慘情況。開放從未有過的大砲，將堡壘和都市轟得粉碎。北部法蘭西、比利時、波蘭、東普魯士等的大部分土地都荒蕪了。敵己雙方兵士們都自己開掘塹濠來避敵人的子彈。德意志方面用毒瓦斯來窘苦法英比利時的兵士。不久俄國和意大利也加入協約了。他們製成裝有毒瓦斯的炸彈，投入德國兵的塹濠中。一方面還用飛行機飛到頭上來，表示暗號，投擲炸彈。德國的齊柏林飛艇，都飛到英國倫敦和別個都市來，投擲炸彈。齊柏林飛艇，雖專瞄準了製造火藥和砲彈的工場投彈，但有時因落在別處而炸殺人了。協約國的飛機也在德國某都市上，同樣地擲彈。

四七　美國的參戰

協約軍方面，陸續地加入了日本、葡萄牙、羅馬尼亞、希臘、美國、中國、波蘭等許多國家；德奧方面，加入了保加利亞和土耳其。當美國參加戰爭的時候，俄羅斯退出協約了。俄羅斯的兵士疲於戰事，不願繼續，他們暴發革命，推倒沙王。幾個月之後，有一羣人握住了俄羅斯政權，他們自稱為「布爾雪維克」。

這樣的說：

「戰爭延到什麼時候，也不會得到勝利，不能不結束了因爲世界上可以占領的土地已經什麼也沒有無論那一方面，都已經沒有支付賠款的餘裕。」

美國的大總統威爾遜，也是這樣說。但他爲什麼變更了主張呢？他說只有使協約國方面勝利，纔能得到和平。

俄羅斯雖已退出了戰爭，但美國向法國境地裏輸送兵士和軍械。過了一年，大勢一變，德國開始退卻了，發休戰的宣言。戰爭於千九百十八年十一月停止。

這一天，地球上各國人民都感着再生的愉快因爲他們已經不再看到流血的慘事，是多麼開心啊！

四八 大戰以後

戰爭終結後，北法蘭西最荒涼慘酷，比大地震後還要利害。到處都有砲彈打過的痕跡，家家都關着門戶。千百成羣的人流離失所。

一方面俄羅斯已失去了比任何國家更多的兵士，數目已達到百七十萬人。次於俄羅斯的是德意志。百五十萬人是戰死的；還有更多的人斷手折脚，或爲盲目，或成狂人。法蘭西有百萬左右的人戰死英國損失了九十萬以上的兵士。而美國戰死了五萬人，負傷者達二十萬以上。

爲了這次戰爭，德奧發生糧食恐慌，一千人裏，有十八是停戰後餓死的。德國的皇帝，逃避到荷蘭，於是德意志便成共和國了。然而國體的變更，仍舊不能把人民從饑荒中救出。奧地利也和德國一樣，皇帝沒有了，人民餓着。

經過長期討論之後，便在法蘭西訂立了和平條約。法蘭西獲得了從前戰爭所失去的亞兒薩斯，勞倫的支配權。英國占領了德國在非洲的幾處殖民地，領土擴張了百萬平方哩。奧地利分裂成小區域，波蘭從俄羅斯和德意志之支配下，成爲獨立國了。

敬啟

『民國專題史』叢書，乃民國時期出版的著名學者、專家在某一專題領域的學術成果。所收圖書絕大部分著作權已進入公有領域，但仍有極少圖書著作權還在保護期内，需按相關要求支付著作權人或繼承人報酬。因未能全部聯系到相關著作權人，請見到此説明者及時與河南人民出版社聯系。

聯系人 楊光

聯系電話 0371-65788063

2016年3月28日